Mario Markus

Quallen

Copyright: © 2021 Mario Markus
Lektorat: Christa Hornemann
Buchsatz: Sabine Abels
Titelbild: © Shutterstock. Autor: H. Tanaka

Verlag und Druck:
tredition GmbH
Halenreie 40-44
22359 Hamburg

978-3-347-40886-9 (Paperback)
978-3-347-40887-6 (Hardcover)
978-3-347-40888-3 (e-Book)

Bibliografische Information der Deutschen Nationalbibliothek:
Die Deutsche Nationalbibliothek verzeichnet diese Publikation in der Deutschen Nationalbibliografie; detaillierte bibliografische Daten sind im Internet über http://dnb.d-nb.de abrufbar.

Ich danke herzlich Christa Hornemann für ihr wertvolles Lektorat und Sabine Abels für das Buchlayout.

INHALTSVERZEICHNIS

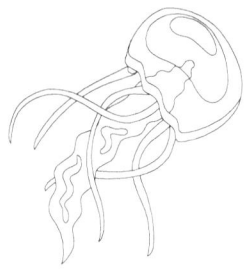

Vorwort – eine Zeitreise

Quallen gehören zu den ältesten mehrzelligen Wesen auf unserem Planeten. Wir haben es somit wahrlich mit einer Zeitreise zu tun.

Funde in den USA, in Illinois und Utah, aus dem *Proterozoikum* (vor 250 bis 541 Millionen Jahren) werden auf ein Alter von 550 Millionen Jahre geschätzt. Sie werden noch durch Funde aus dem *Neoproteozoikum* (vor 1.000 bis 541 Millionen Jahren) aus China übertroffen, die auf ein Alter von 635 bis 577 Millionen Jahre geschätzt werden. Doch diese Angaben sind umstritten, da auch die C14-Methode zur Datierung nicht immer zuverlässig ist. Unumstritten ist allerdings das Stattfinden der sogenannten Kambrischen Explosion, die vor 541 Millionen Jahre geschah und aus der letztendlich alle uns bekannten Tiere hervorgingen.

Sehr unsicher ist auch der Stammbaum bzw. die Reihenfolge der Erscheinung mehrzelliger Tierarten: Schwämme, Gewebetiere, Hohltiere, Nesseltiere usw.

Man lese dieses Buch jedenfalls mit dem Gefühl, dass wir es hier mit Repräsentanten einer Zeit zu tun haben, in der Lebewesen von einzelnen Zellen zu organisierten, miteinander kommunizierenden Wesen wurden. Es ist in dieser Hinsicht auch ein Buch der Genesis der Tiere. Es bleibt die Frage: Wie fanden die Zellen zueinander und differenzierten sich so weit aus, dass sie durch eine große Zahl verschiedener Aufgaben ihrer Zellgemeinschaft dienen können.

Der Mythos der Medusa

Medusen, so wie sie in diesem Buch beschrieben werden, benennt man nach einer weiblichen Gestalt aus der griechischen Mythologie. Diese Gestalt, die detailliert in Ovids Metamorphosen beschrieben wird, war sowohl schön, wie auch giftig. Ihr Haupt war bedeckt von Schlangen und ihr Blick verwandelte die Menschen in Gestein.

Perseus, ein Sohn des Zeus, wurde beauftragt, die Medusa zu enthaupten. Um nicht in einen Stein verwandelt zu werden, sah er Medusa als Spiegelbild in seinem Schild während er sie mit seinem Schwert enthauptete. Aus dem verbleibenden Rumpf sprangen Pegasus, ein fliegendes Pferd, und Chrysaor, ein Krieger mit einem goldenen Schwert. Der abgetrennte Kopf der Medusa lebte weiter. Elemente dieses Mythos findet man in echten, biologischen Quallen wieder. Ihre erwachsenen, sich geschlechtlich fortpflanzenden Formen nennt man Medusen. Die Griechen hatten diese Lebewesen genau beobachtet – das Wissen wir aus den Schriften des Aristoteles. Die Schlangen auf dem Kopf und die Schönheit der mythologischen Medusa entsprechen jeweils den giftigen und teilweise tödlichen Tentakeln und der Schönheit dieser Lebewesen. Das Entstehen von Wesen nach dem Schlag des Perseus beobachtet man bei Quallen in einer ihrer Lebensetappen, nämlich der Strobilation (Siehe Kapitel »Allgemeines über Quallen« in diesem Buch), in der sich scheibenweise junge Quallen abtrennen und sich dann zu erwachsenen Tieren entwickeln. Das Weiterleben des Kopfes im Mythos entspricht der erstaunlichen Eigenschaft der Quallen, deren Körperteile nach einer Trennung weiterleben. Bei Quallen geht es allerdings noch so weit, dass jeder der getrennten Teile den fehlenden Teil regeneriert, ein Vorgang der den Griechen in ihrem Mythos wohl nicht passte.

Pflanze oder Tier?

Aristoteles (384–322 v. Chr.), der einen Teil seines Lebens an der Ägäischen Küste verbrachte, hatte oft die Gelegenheit, Quallen zu beobachten. Er nannte sie *Aealephs*, was auf Griechisch »Nadeln« bedeutet, anspielend auf die giftigen Nadeln der Quallen. Er stellte die Frage, ob es sich um Pflanzen oder Tiere handele und ließ die Frage offen. Was ihn verwirrte war, dass er keine Blutgefäße sah, wie es auch bei Pflanzen der Fall ist, aber eine erstaunliche Empfindlichkeit bei Berührungen, wie bei Tieren.

Plinius der Ältere (24–79 n. Chr.) schloss sich der *incertae sedis*, das heißt dem Rätsel von Aristoteles an und dies tat sogar auch noch viel später Carl von Linné (1707–1778). Ein philosophisches Urteil kam dann von dem Naturforscher Georges-Louis Leclerc de Buffon (1707–1788), der die Trennung von Tieren und Pflanzen verneinte und angesichts der Quallen, Anemonen und Korallen, so wie einzelnen, getrennt betrachteten Eigenschaften von Tieren und Pflanzen, ein Kontinuum zwischen Tieren und Pflanzen postulierte.

Der nächste Schritt wurde 1800 durch Napoleon möglich. Er schickte ein Schiff um die damals noch unerforschte *Terra Australis*, der heutigen Antarktika, unter der Leitung von François Péron (1775–1810). Von der Besatzung mit 24 Mann kamen nur sechs zurück. Péron und auch Napoleon interessierten sich unter anderem für die rätselhaften Quallen, die während dieser Fahrt untersucht wurden. Péron hatte drei Jahre Medizin studiert und brach das Studium ab, doch er besaß genug Kenntnisse, um Quallen zu sezieren und festzustellen, dass sie zwar ein Netz von Nerven besitzen, aber kein dichtes Netzwerk, dass man als Gehirn bezeichnen kann. Auch haben sie kein

Körperteil, dass man, physiologisch betrachtet, als Kopf bezeichnen könnte.

Es folgten die Untersuchungen von Christian Ehrenberg (1795–1876), Professor der Zoologie in Berlin. Er stellte als erster fest, dass Quallen einen Muskelring besitzen und – bis dahin übersehen – typischerweise 24 Augen. Diese befinden sich in symmetrisch angeordneten Gliedern rund um die Mundöffnung. Meistens sind es sechs Augen pro Glied, so dass ein für den Menschen beneidenswerter Überblick möglich ist. Es gibt allerdings auch Arten, bei denen ein Auge am Ende eines jeden Tentakels ist. Sein definitives Urteil war: Es sind Tiere.

In der Reihe der Quallenforscher war dann der norwegische Geistliche und Biologe Michael Sars (1805–1869) an der Reihe. Ihm verdanken wir das Wissen über die Metamorphose der Quallen: Die ausgewachsene, schöne Meduse, die Eier freilässt, die daraus entstehenden Larven, sie sich zu Polypen wandeln und die Abtrennung von Scheiben (Strobilation) im oberen Teil der Polypen. Jede Scheibe entwickelt sich zu einer Meduse. Dabei pflanzen sich die Medusen meistens geschlechtlich und die Polypen durch Knospung fort. Sars bestätigte das Urteil von Ehrenberg, dass es sich bei Quallen um Tiere handelt.

Doch ein neuer Grund für Streit trat auf: Die beeindruckende Eigenschaft von Quallen riesige Kolonien zu bilden. Ein Beispiel ist die sehr giftige Portugiesische Galeere *Physalia physalis*. Dies wird detaillierter im Kapitel »Ein Staat von Quallen« in diesem Buch besprochen. In diesen Kolonien übernehmen die einzelnen Individuen verschiedene Aufgaben: Bewegung, Vermehrung, Verdauung, Reaktion auf äußere Berührung und Schwimmen. Die Individuen sind über Kontakte ihrer Nerven vernetzt. Hier stellt sich nicht mehr die alte Frage »Pflanze oder Tier?«, sondern eine völlig neue Frage: »Individuen oder Verband?« Man diskutierte dies mit einer quasi-soziologischen Haltung, die nicht weit entfernt von der Soziologie des Menschen liegt. Thomas Henry Huxley (1825–1895), der für die Akzeptanz des Darwinismus eintrat und dadurch für viele Menschen bekannt wurde, vertrat die Ansicht, dass es sich um Individuen handelt, die zweckmäßig kooperieren. Louis Agassiz (1807–1873), einer der ersten renommierten US-Wissenschaftler, sprach von der Kolonie als wäre sie ein einziger, großer Organismus. Der Deutsche Mediziner und Naturforscher Ernst Haeckel versuchte den Streit zu schlichten, indem er von der Existenz eines Kontinuums zwischen Individuum und Verband sprach. Solch einem Kontinuums-Gedanken begegneten wir schon weiter oben bei der Frage »Mensch oder Tier?« in den Gedanken des Forschers Georges-Louis Leclerc de Buffon.

Allgemeines über Quallen

Quallen gehören zum Stamm der Nesseltiere. Andere Stämme sind zum Beispiel die Mollusken, auch Weichtiere genannt und die Wirbeltiere. Große Nesseltiere, zum Beispiel jene der Klasse der Schirmquallen, haben keine Fressfeinde, so dass sie an der Spitze der Nahrungskette stehen.

Nesseltiere werden in fünf Klassen unterteilt:
1. Die Blumentiere (7500 Arten). Zu ihnen gehören die Seeanemonen und die Korallen. Sie kommen in diesem Buch nicht vor.
2. Die Stielquallen (50 Arten).
3. Die Würfelquallen (50 Arten).
4. Die Schirmquallen (200 Arten) mit den Ordnungen Kranzquallen, Fahnenquallen und Wurzelmundquallen.
5. Die Hydrozoen (3500 Arten).

Früher zählte man noch die Rippenquallen zum Stamm der Nesseltiere. Heute werden sie als eigener Stamm betrachtet, der mit den Nesseltieren wahrscheinlich nicht nah verwandt ist. Der alten Tradition folgend, werden sie in diesem Buch trotzdem so behandelt als wären sie Nesseltiere. Dieser Stamm sowie die oben aufgeführten Klassen 2., 3., 4. und 5. werden in diesem Buch beschrieben, nicht aber die Klasse 1, da sie schon in mehreren guten Büchern beschrieben worden ist.

Die wichtigste und namensgebende Eigenschaft der Nesseltiere ist der Besitz giftiger Nesseln, welche diese Tiere in Nesselkapseln erzeugen. Die Kapseln enthalten einen spiralförmig gewickelten Faden aus festem Material, der mit einem Druck von ca. 150 bar in das

Opfer hineingestoßen wird. Die Nesseln dienen dem Beutefang und der Verteidigung. Im Allgemeinem werden die Nesselkapseln nach Gebrauch abgestoßen und durch neue Kapseln ersetzt.

Falls man gestochen wird, hilft eine drei- bis zehnprozentige Essiglösung oder auch eine Kreditkarte. Wozu diese? Um die noch vorhandenen und giftabgebenden Nesseln abzukratzen. Ein solcher Vorfall ist eine ernste Sache: Im Jahr 2006 hat das Rote Kreuz weltweit 19.000 Stiche behandelt. Allein auf den Philippinen sind in einem Jahr circa 40 Menschen an solchen Stichen gestorben.

Die Art *Cassiopea xamachana* steigert ihre Verteidigung noch. Wird sie angegriffen, produziert sie winzige Zellkugeln mit Nesselkapseln. Diese treiben im Wasser herum und schützen dadurch sogar die nähere Umgebung der Qualle.

Eine andere wichtige Eigenschaft der Nesseltiere ist die Bildung von zwei Lebensstadien: Medusen und Polypen. Die Polypen besitzen eine Fußscheibe und einen Stiel, der nach oben ragt, wo sie einen Mund und Fangtentakel

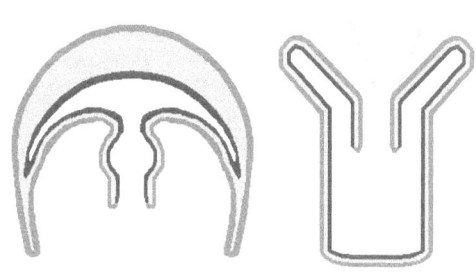

haben. (rechts im Bild). Bei Medusen (links im Bild) sorgt ein Muskelring für ein rhythmisches Zusammenziehen eines Schirmes (oben) und damit für den Antrieb. Der Mund liegt bei Medusen unter dem Schirm.

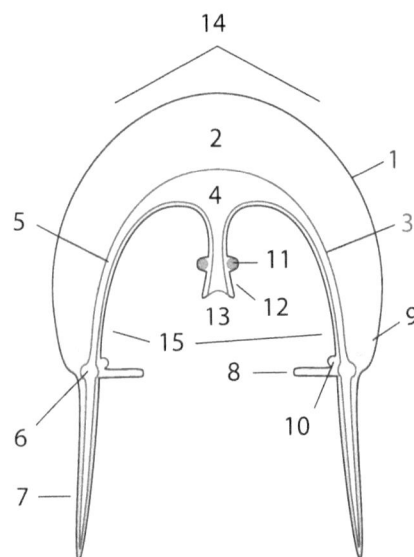

Bei Polypen und Medusen dient der Mund der Aufnahme von Nahrung und der Entlassung der Ausscheidungen. Rund um den Mund ragen Tentakel mit Nesselkapseln hervor. In der Entwicklung wandeln sich die Polypen zu Medusen, indem sie wie ein Kleidungsstück umgestülpt werden. Die Größe von Quallen variiert stark zwischen einigen Millimetern bis zu dreißig Metern – letzteres aber nur im Medusen-Zustand.

In der obigen Abbildung werden die Teile der Meduse durch Ziffern genauer angegeben: 1. Außenhaut (ca. 1/50 mm) 2. Zellfreie, gallertartige, hauptsächlich aus Wasser bestehende Zwischenschicht 3. Magenwand 4. Magen 5. und 6. Innerer Transportkanal 7. Tentakel 8. Ringmuskulatur 9. und 10. Nervenringe 11. Fortpflanzungsorgane 12. Magenstiel 13. Mund/After 14. Obere Wasserumhüllung 15. Untere Wasserumhüllung.

Quallen leben weltweit in Meer- oder Süßwasser und ernähren sich unter anderem von Würmern, anderen Quallen und Fischen. Viele Arten beinhalten Algen, die mit ihnen symbiotisch leben: Die Algen betreiben Photosynthese und erzeugen somit Sauerstoff und Kohlenhydrate, wobei sie zugleich Kohlendioxid abbauen. Die Algen werden im Gegenzug von den Quallen geschützt.

Ökologische Probleme entstehen durch Überfischung, da dadurch die Quallen immer weniger natürliche Feinde besitzen und sich deshalb stark vermehren können. Hinzu kommt, dass Quallen über längere Zeit mit wenig Sauerstoff auskommen. Oft verstopfen sie zudem Fischernetze und erdrücken dort nützliche Fische.

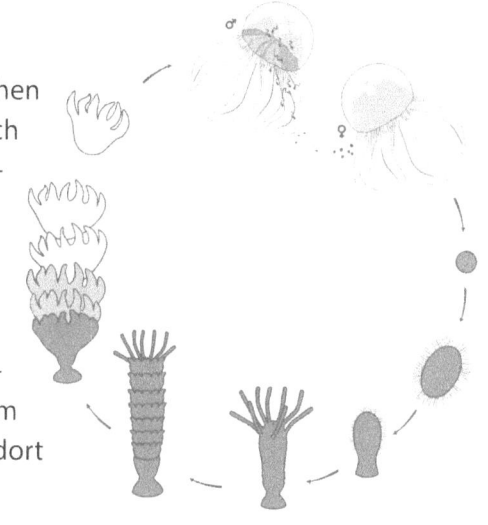

Eine Form der Fortpflanzung erfolgt durch die Knospung an Polypen, die sogenannte Strobilation. So wird die scheibenweise Abschnürung von Polypen nach oben hin bezeichnet, bei der jede Scheibe zu einer Meduse wird (Metamorphose; siehe Bild oben). Die Medusen pflanzen sich geschlechtlich fort. Es gibt männliche und weibliche Medusen, es kommen aber auch Zwitter vor. Die Eier, die sich entweder im Wasser oder in der Meduse entwickeln, werden zu Larven, die sich als Polypen auf festem Substrat absetzen.

Fossilien hat man aus dem *Proteozoikum* gefunden. Die Funde sind ca. 550 Millionen Jahre alt und Quallen gehören somit zu den ersten Tieren unseres Planeten.

Neuere Funde aus China aus dem Neoproteozoikum sollen jene aus den USA sogar übertreffen: Sie sind zwischen 100 und 200 Millionen Jahre älter. Die Bildung von Fossilien ist möglich gewesen, da Polypen in manchen Fällen kalkhaltige Skelette ausbilden. Doch auch die Muskelringe haben in seltenen Fällen die Jahrmillionen überstanden.

Für diejenigen, die sich in Quallen verliebt haben, gibt es ein berühmtes Reiseziel: Der Tierpark *Ocean Park* in Hong Kong hat ein riesiges Aquarium, genannt *Sea Jelly Spectacular* mit circa 1000 Exemplaren. Ein anderes Reiseziel ist *Jellyfish Lake* in Palau, ein See in einer ostpazifischen Insel, in dem sich oft Schwärme von golden schimmernden Quallen der Gattung *Mastigias* tummeln.

Nickend aber wach

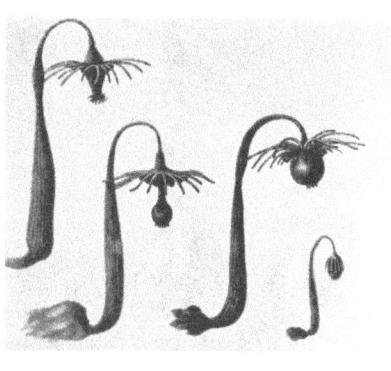

Corymorpha nutans erscheint an einem 8 bis 10 Zentimeter langen Stiel. Sie ist meistens zur Seite geneigt, so als würde sie nicken, deshalb der Name der Art, *nutans* (Latein für ‚nicken‘). Sie besteht aus

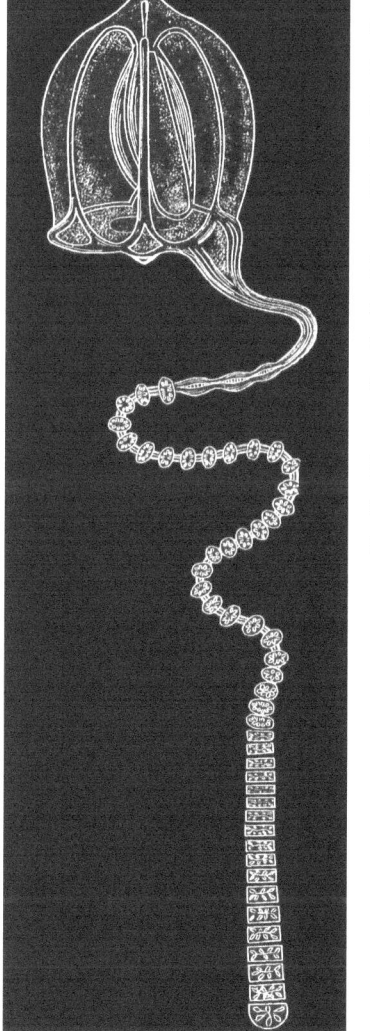

einer einzelnen, millimetergroßen Knospe an einem bis zu einem Meter hohem Stiel und lebt vor den britischen Inseln und im Mittelmeer in fünf bis fünfundzwanzig Metern Tiefe. Eine wahre Europäerin trotz dem Brexit!

Sie ist durchsichtig mit einem weißen oder schwach rosa Schimmer und ernährt sich von Zooplankton. Entdeckt wurde sie 1835 von Michael Sars.

Eine Unterart der Qualle beobachtet man auch in einem »nicht nickenden« Zustand, wie im linken Bild zu sehen ist.

21

Auf dem Kopf stehende Qualle

Die *Cassiopea andromeda* kann leicht mit einer Seeanemone verwechselt werden. Sie wächst hauptsächlich auf Mangrovenblättern im Indischen Ozean, im Roten Meer und im Pazifik, daher rührt auch ihr gängiger Name »Mangrovenqualle«. Nach dem Bau des Suezkanals ist sie auch in das Mittelmeer eingewandert.

Der bei anderen Quallen nach oben gerichtete Schirm der Medusen ist hier nicht nach oben gerichtet, sondern sitzt anders herum auf einer festen Unterlage, die heutzutage auch aus Plastikmüll bestehen kann. Auch die Mundöffnung befindet sich oben. Der Durchmesser des Schirmes kann bis zu 30 cm betragen. Aus dem Schirm ragen um den Mund platzierte Glieder mit giftigen Nesseln heraus, die Plankton in den Mund schaufeln und etwas kürzer als der Medusendurchmesser sind. Bei Nahrungsarmut kann diese Art auch schwimmen. Sie ist zweigeschlechtlich und in wenigen Fällen zwittrig. Nachdem ein Samen auf eine Eizelle trifft, bildet sich eine Larve und daraus ein Polyp, welcher sich durch Knospung vermehrt. Die Polypen können sesshaft sein oder sich wurmartig bewegen.

Die Qualle hat zwei Symbionten: Einzellige Dinoflagellaten in der Unterseite und Garnelen im oberen Bereich. Ohne die Dinoflagellaten müssten die Quallen sterben, denn diese Einzeller können durch Photosynthese für die Qualle wichtige Nährstoffe produzieren. Die Garnelen putzen die Oberfläche. Beide Symbionten, die Dinoflagellaten und die Garnelen, erhalten durch die Qualle einen geschützten Lebensraum. Pro Meduse siedeln sich bis zu vier Garnelen an.

In 7000 Meter Tiefe: Die Kronenqualle

Die Kronenqualle (*Periphylla periphylla*) lebt in Tiefen bis zu 7.000 Metern und wurde schon in allen Ozeanen der Welt gefunden. Ihr Körperdurchmesser und ihre Höhe betragen bis circa 30 cm, ihr Gewicht bis zu 540 Gramm – und sie besitzt 12 bis 50 cm lange Tentakel. Durch eine besonders effiziente Muskulatur kann sie durch Pulsieren des Schirms Geschwindigkeiten von bis zu 10 Metern pro Sekunde erreichen.

Durch Biolumineszenz kann die Qualle blau-grün leuchten, wodurch die Tiere in einem Schwarm zusammengehalten werden, was die zweigeschlechtliche Vermehrung erleichtert. Sie besitzt Sensoren, mit denen sie Lichtintensitäten unterscheiden kann. Die Paarung, die das ganze Jahr über stattfindet, ist ungewöhnlich: Das Männchen hält das Weibchen so lange fest, bis die Spermien seinen Körper verlassen haben. Nach einem Reifungsprozess verlassen die befruchteten Eier das Weibchen. Diese entwickeln sich im freien Wasser direkt zu einer Meduse. Sie überspringt somit den sonst bei Quallen vorkommenden Polypen. Die dafür benötigte Nahrung ist ausreichend im Dotter des befruchteten Eies enthalten. Durch das fehlende Licht in der Tiefe ist der Nachwuchs zugleich geschützt. Um sich zu ernähren, schwimmen die Medusen in höhere, hellere Gewässer, wo sie ihre Nahrung, zum Beispiel kleine Tintenfische oder Krebse, besser sichten können.

Im folgenden Bild sind Zeichnungen einer Kronenqualle von Ernst van Höffen aus einer Tiefsee-Expedition in den Jahren 1898–1899.

Fest vor Kanada verankert:
Die Stielqualle

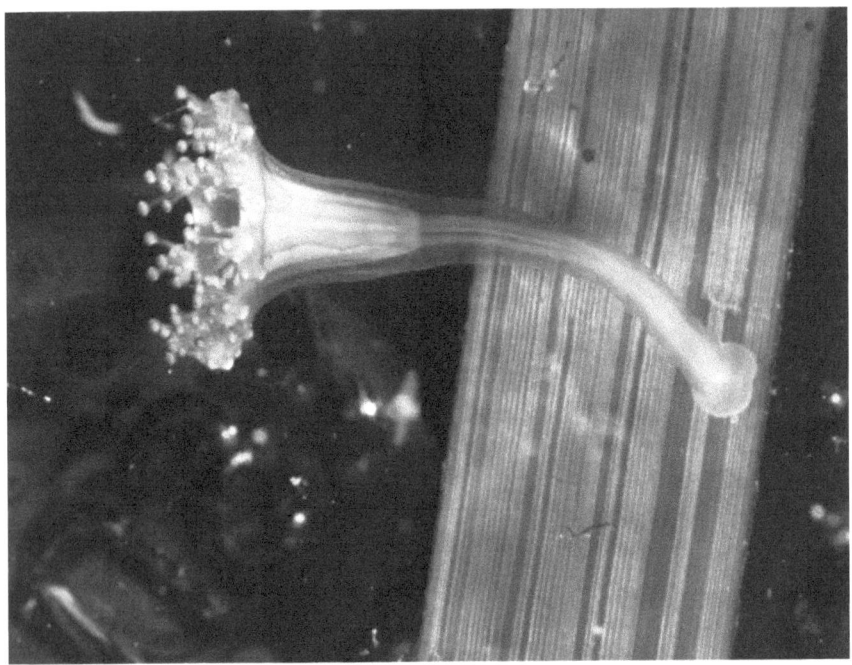

Die Qualle *Manania handi* findet man im Pazifischen Ozean, besonders an der Westküste Kanadas. Umgangssprachlich nennt man sie Becherqualle. Sie lebt in seichtem Wasser bei Temperaturen zwischen 0 °C und 18 °C und ist durch einen Stengel fest verankert, meistens an einem Seegrashalm. Ihre Länge beträgt bis zu 4 cm und die glockenförmige Struktur rund um die Mundöffnung hat einen Durchmesser von bis zu etwa 2 cm. Der Stiel ist grün mit cremefarbenen Tupfen, die die Geschlechtsorgane und leuchtend weiße Nesselkapseln enthalten. Sie ernährt sich von kleinen Krustentieren sowie von pflanzlichen und tierischen Mikroorganismen.

Entdeckt wurde *Manania handi* von Cadet Hammond Hand (1920–2006) von der University of California in Berkeley. Er war Professor von G. F. Gwilliami (National Research Council; University of Victoria, Canada), der die sehr ähnliche Art *Manania gwilliami*, die in tieferen Gewässern lebt, entdeckte. Er benannte diese Qualle *Manania prasinus*, doch später wurde der Entdecker durch die Benennung des Tieres mit seinem Namen geehrt. Beide Forscher, Hand und Gwilliami sind auch für die Erforschung von anderen Stielquallen, die allgemein im Kapitel »Unfähig zu schwimmen« in diesem Buch behandelt werden.

Folgende Arten ähneln sich in ihrer Form und ihren Lebensbedingungen, sind aber leicht durch verschiedene Farben des Stiels zu unterscheiden. (Bemerkung: Erste Beobachter und das Jahr stehen in Klammern. Erste wissenschaftliche Untersuchungen folgten später): Manania handi (Handi, 1989), M. gwilliami (Gwilliami, 1989), M. atlantica (Berrill, 1962), M. distincta (Kishinouye, 1910), M. hexaradiata (Broch, 1907) und M. uchidai (Naumow, 1961).

Rekordschwimmer in der Arktis

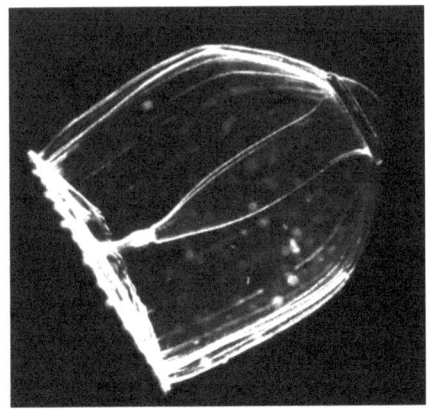

Aglantha digitale lebt im arktischen Ozean und ist bekannt durch ihre extrem schnelle Bewegung auf der Flucht und auf der Jagd auf kleine Fische, Würmer und Langusten. Die hohe Geschwindigkeit wird durch besonders gut vernetzte Nervenaxone und eine starke Muskulatur unter ihrer Oberfläche ermöglicht. Ansonsten ist ihre Fortbewegung mittels des Pulsierens des fingerhutförmigen, hellrosa Körpers auffallend langsam.

Der Schirm beträgt etwa 4 cm im Durchmesser und ist etwas höher als er breit ist. Ihre acht Tentakel sind sehr kurz. Wurstförmige, sehr kurze Geschlechtsorgane ragen nach unten heraus, ebenfalls acht an der Zahl. Sie lebt in Tiefen bis zu 200 Metern.

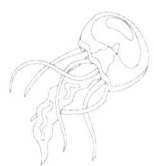

Büsche von Federn

Aglaophenia pluma wird umgangssprachlich »gezahntes Federhydroid« oder »enthülstes Hydroid« genannt. Diese Qualle ist weltweit verbreitet und lebt nahe der Wasseroberfläche oder in bis zu 120 Meter Tiefe. Sie hat eine Breite von nicht mehr als einem Millimeter und wächst auf Stielen mit einer Länge von bis zu 3 cm, die auf Algen, insbeosndere der Art *Posidonia oceanica*, fest verankert sind. Ihr Stich erzeugt eine Schwellung, die schnell vorübergeht und keine weiteren Wirkungen hat.

Man findet sie in Form von Kolonien. Sie sind gelblich bis rötlich und ihre Geschlechtsorgane ähneln Tannenzapfen. Die Tentakel wachsen derart, dass sie in ihren Kolonien eine federartige Gestalt haben.

Aglaophenia pluma gehört zu der Familie der *Aglapheniidae*, die ähnlich und auf Algen verankert ist. Aus dieser Familie ist auch die Qualle *Macrorhynchia filamentosa* bekannt, obwohl es für den Laien schwer ist, sie zu beobachten, da sie in circa 80 Meter Tiefe lebt. Man nennt diese Qualle auch »rauchiges Federhydroid«, da die Kolonien aus weiter Ferne durch die feinen Verästelungen und die grau-weiße Farbe einen rauchähnlichen Eindruck machen. Ihre Stiele werden 15 cm lang. Man findet sie in der südlichen Hemisphäre rund um Australien, Madagaskar sowie entlang der südafrikanischen Küste von Namibia bis zur Botswana-Bucht und am Vema-Seeberg im Südostatlantik. Wie bei *Aglaophenia pluma* ist ihr Stich relativ harmlos.

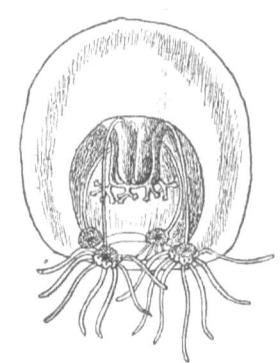

Ein Auge an jedem Tentakel

Bougainvillia superciliaris (links Polyp; rechts Meduse) lebt in den arktischen Barents-, Kara- und Bering-Seen. Dort bewegt sie sich mit Hilfe von Wasserströmungen. Sie ist durchsichtig, höchstens 9,5 mm groß und besitzt Tentakeln, die am Ende mit einem schwarzen Auge ausgestattet sind. Die äußeren Tentakel fangen sehr kleine Krebse, geben diese Beute an die inneren Tentakel ab, bis sie schließlich den Mund in der Mitte erreicht.

Diese Quallenart kann sich asexuell vermehren, indem sie Knospen bildet, die sich dann zum erwachsenen Tier entwickeln. Im Fühjahr vermehrt sie sich als Meduse auch geschlechtlich, wenn die Temperatur zwischen 10°C und 15 °C liegt. Aus den Eiern folgt dann die Entstehung von Larven etwa Ende Juni. Diese schließen sich zu großen Kolonien zusammen. Während dieser Phase hören ihre Eltern auf zu fressen und schrumpfen, um so dem Nachwuchs genug von der sonst knappen Nahrung in der Umgebung zu überlassen.

In der Nähe von Wohngebieten sind sie aufgrund ihrer riesigen Larven-Kolonien gefürchtet, denn sie verstopfen gelegentlich die Leitungen in Häusern oder Fabrikanlagen.

Federn im Indischen Ozean

Gattya humilis, auch »schneeflocken Hydroid« genannt, wächst in federähnlichen Kolonien auf dem Meeresboden sowohl in Südafrika, als auch an der Küste des Indischen Ozeans, südlich von KwaZulu-Natal, wie auch vor der westlichen Küste, wo sich das Vorkommen bis zum Norden Namibias erstreckt. Sie verankert sich dort fest an Seegras oder Algen. Nirgendwo sonst hat man diese Art bisher gefunden.

Die Kolonien sind schneeweiß, daher der Name, jede Qualle wird 3 cm lang und lebt in bis zu 70 Metern Tiefe bei 0 °C bis 20 °C. Ihre Fortpflanzung ist geschlechtlich und beide Fortpflanzungsorgane kommen in den gleichen »Federn« vor. Die Sexualorgane sind leicht erkennbar: Die weiblichen sind kelchförmig, die männlichen kleiner und rund. Die Art wurde 1885 von dem irischen Professor für Botanik an der Universität Dublin, Georges James Allmann (1812–1898) neben weiteren 13 Arten entdeckt.

Gattya humilis geört zur Familie der *Halopterididae*, deren Arten ihr sehr ähneln, obwohl sie in anderen Regionen bobachtet werden oder kleine Formenänderungen zeigen. Es handelt sich vermutlich um evolutionäre Konvergenz, also ähnliche aber getrennte Evolution. Die dazugehörige Gatttung *Antennellopsis*, zum Beispiel, findet man in Japan und Neuseeland. Die Art *Corhiza scotiae* ist länger, nämlich bis zu 33 cm und hat ovale, gelbliche Geschlechtsorgane. Man findet sie auch in Südafrika.

Die Fingerhutqualle

Linuche aquila wird 16 mm groß. Sie hat vier Mägen mit jeweils einem eigenen Mund bzw. After sowie vier Paare von Geschlechtsorganen. Die Quallen enthalten große Mengen von Einzellern, die Photosynthese betreiben und dadurch das Tier mit Nahrung versorgen. Ohne diese Einzeller würde es sterben. Ihr Lebensraum erstreckt sich zwischen Malaysia und der Ostküste Afrikas. Wegen ihrer Stiche sind sie zwischen Mai und Juni besonders gefürchtet.

Das Bild rechts zeigt das Tier in den verschiedenen Stadien seiner Entwicklung. In der adulten Form (Bildmitte) hat die Mundöffnung die Form einer hängenden Glockenblüte. Larvenstadien sind durch die Formen rund um die Bildmitte dargestellt. Die kreuzförmigen Gebilde sind Schnitte durch ihre Mundöffnungen. Die Maßstabsmarkierung entspricht 1 mm.

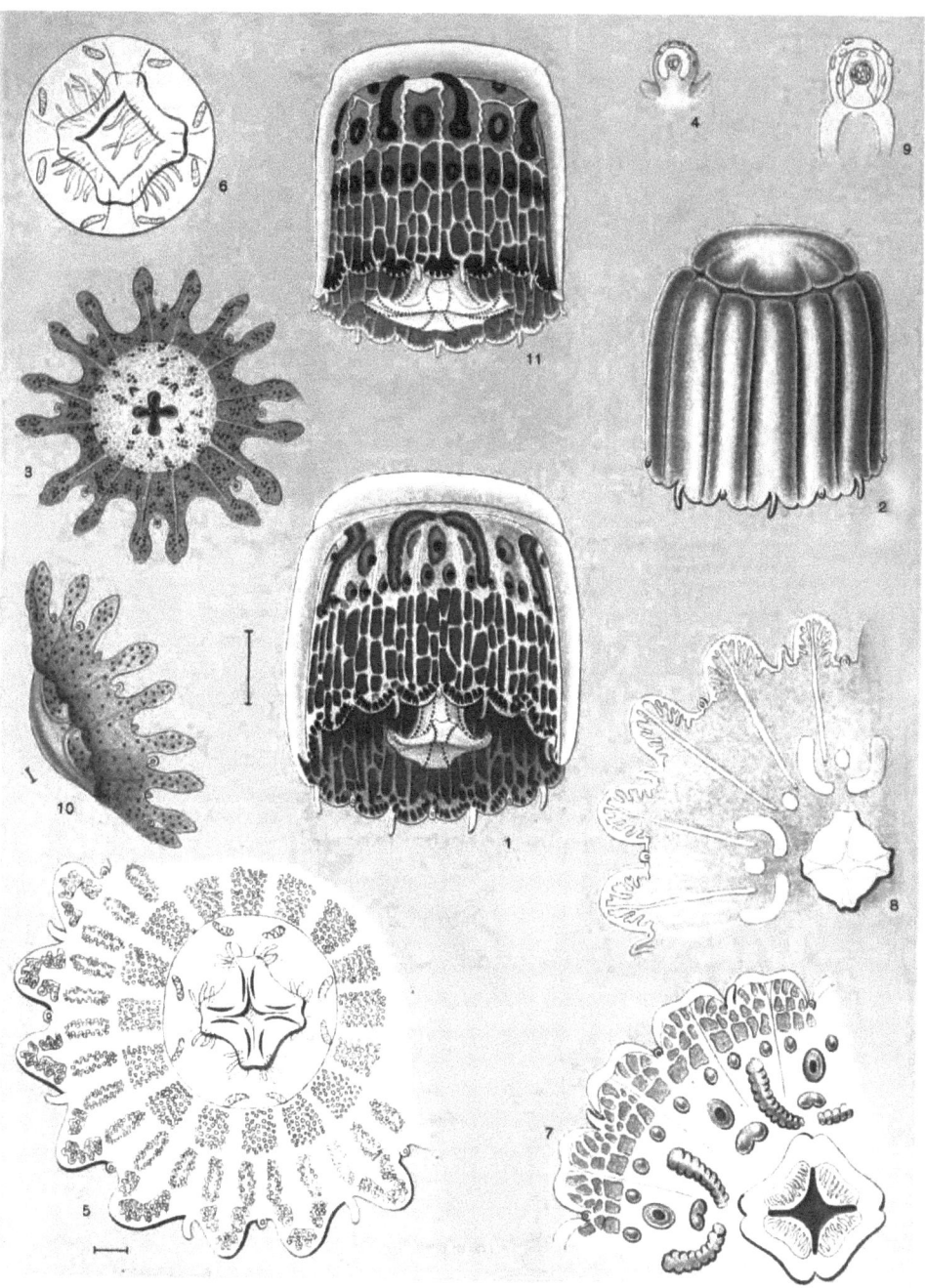

Eine steife und ein biegsame Form

Die Gattung *Halecium* hat zwei Arten:
Eine biegsame mit wenigen Tentakeln (*Halecium halecinum*; Bild links) und eine steife, die ihre geringe Beweglichkeit durch eine grö-ßere Anzahl von Tentakeln kompensiert (*Halecium beanii*; rechts). Das Bild zeigt auch drei bis vier rundliche Strukturen, die als Larven freigesetzt werden können. Die Fortpflanzung ist aber auch ge-schlechtlich möglich. Das Tier wird im Durchnitt 20 cm lang, kann aber auch bis zu 25 cm erreichen. Es bildet riesige Kolonien.

Das Tier sitzt fest auf einem Stein oder einer Muschel. Man findet es an der westlichen Pazifikküste von Nordamerika bis Kolumbien, Ka-lifornien sowie am westlichen Atlantischen Ozean von Spitzbergen bis Südafrika.

Die historisch erste Begegnung mit Quallen in der Tiefsee

Lucernaria janetae wurde so benannt, weil Dr. Janet Voigt (*Field Museum of Natural History*, Chicago) sie als erste Tiefseequalle entdeckte. Die Qualle lebt, festgesetzt durch einen Stiel, in bis zu 3000 Meter Tiefe im Pazifischen Ozean und bildet riesige Kolonien.

Lucernaria j. hat acht armartige Glieder mit je circa 100 Tentakeln. Sie ist cremig weiß mit einem Hauch von Grün oder Orange. Auch der Stiel ist entsprechend gefärbt. Die Färbung der Geschlechtsorgane wird intensiver, wenn diese reif werden. Während die Qualle durch ihren Stiel festsitzt, sind die Larven beweglich und kriechen so lange, bis sie sich einer Kolonie angeschlossen haben. Manchmal fusionieren Kolonien, die sehr weit voneinander entfernt leben – ein angesichts des langsamen Kriechens der Larven bis heute unerklärtes Phänomen.

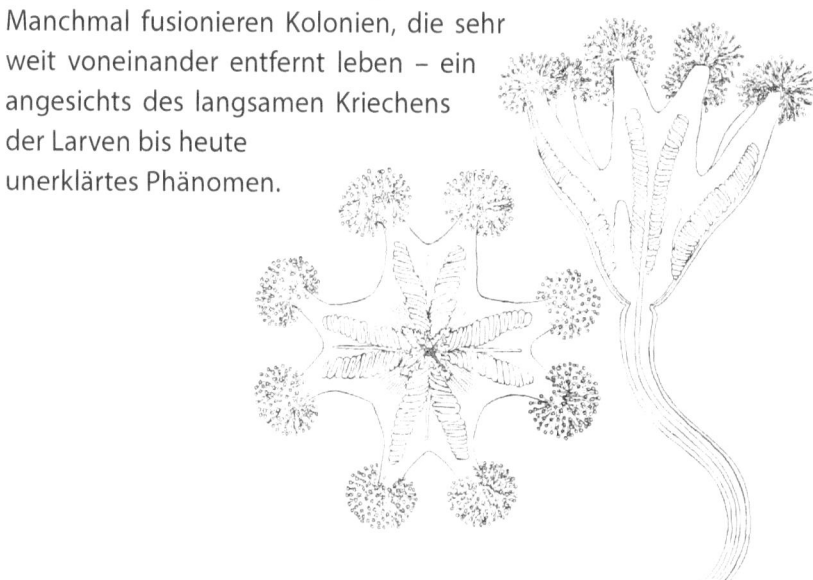

Seit 1921 verschollen

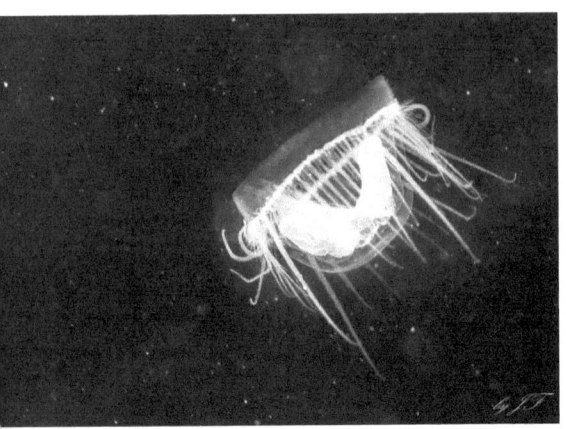

Craspedacusta iseana ist eine Süßwasserqualle. Sie wurde am 22. September 1921 in einem Brunnen in der japanischen Stadt Tsu entdeckt. Es gab dort drei Exemplare. 1922 wurde der Brunnen zerstört und seitdem wurde die Qualle nie wieder beobachtet.

Aufgrund der genauen Notizen des Entdeckers ist man sich sicher, dass es sich um eine Qualle der Gattung *Craspedacusta* handeln musste. Es gibt aber keine Bilder. Deshalb wird hier ein Bild der verwandten Art *Craspedacusta sowerbii* gezeigt. Diese Süßwasserqualle wurde im Vogelstangsee bei Mannheim beobachtet.

Die in Japan entdeckte Qualle, die vermutlich ausgestorben ist, hatte um die 100 Tentakel, angeordnet in sechs bis sieben Reihen. Nesselzellen waren über die gesamte Tentakeloberfläche verteilt. Der Schirm war eher flach statt kugelförmig und hatte einen Durchmesser von circa 18 mm. Diese Merkmale sind zugleich Hinweise darauf, dass es sich um eine Qualle der Gattung *Craspedacusta* handelte.

Lieber pirschen als auf Beute warten

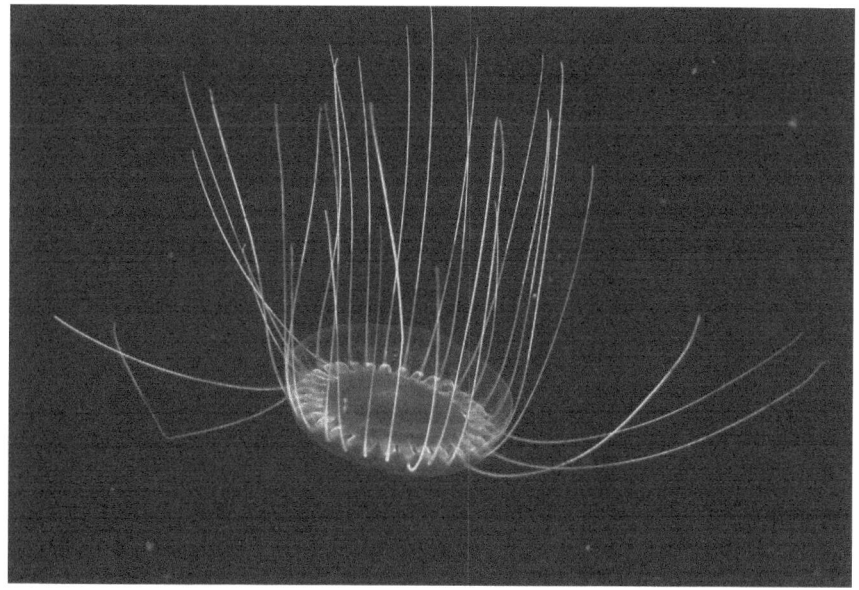

Solmissus ist eine Gattung, die man in 1000 Metern Tiefe vor *Monterey Bay*, Kalifornien, findet. Ihr Durchmesser beträgt bis zu 20 cm und sie ernährt sich von tierischem Plankton, darunter auch kleine Quallen. Sie hat im Vergleich zu anderen Quallen nur zwei erwähnenswerte Eigenschaften: Erstens, wenn nicht zufällig ein Beutetier vor ihrer Nase schwimmt, geht sie auf Jagd – und zweitens sind ihre Tentakel so weich, dass sie nur sehr weiche Beute festhalten kann. Dies wird dadurch kompensiert, dass ihre Tentakel besonders gut mit Nesseln ausgestattet sind.

Solmissus wurde erstmals 1879 von Ernst Haeckel (1834–1919) be-obachtet. Haeckel war ein deutscher Mediziner, Zoologe, Philosoph und Zeichner. Bekannt wurde er vor allem durch sein Buch »Kunstformen der Natur« mit seinen Zeichnungen von Lebewesen in verschiedenen Stadien ihrer Entwicklung. Ferner bildete er im Buch »Das System der Medusen« die Familie der *Cuninidae* ab, zu der die Art Solmissus gehört. Weitere Arten dieser Familie sind *Solmissus albescens*, die man in Aquarien bewundern kann, *S. incisa*, *S. marshalli*, *S. bleeki*, *S. faberi* und *S. atlantica*, die 1983 von dem argentinischen Zoologen Mauricio Oscar Zamponi entdeckt wurde. Zamponi tat mit seiner Entdeckung den ersten Schritt für sein Werk »Hydromedusae«, ein Atlas der Meeresfauna im südwestlichen Atlantik«.

Die gefürchtete Amakusa-Feuerqualle

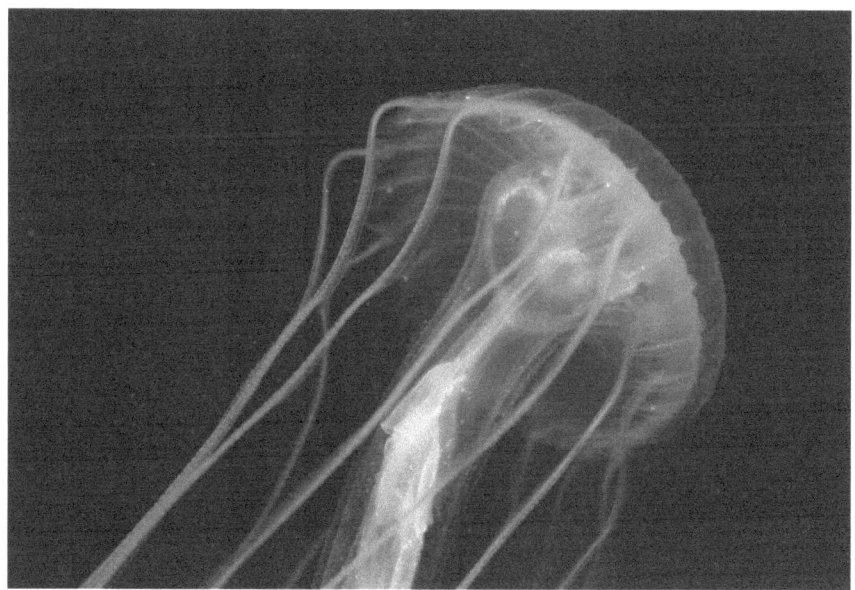

Sanderia malayensis, gemäß einer Ortsbezeichnung auch Amakusa-Qualle genannt, verursacht besonders starke Stiche, die bis zur Nekrose, das heißt örtlicher Gewebstod, der Haut führen können. Auch Vasospasmus kann erfolgen, das heißt eine starke Zusammenziehung der Blutgefäße und demnach eine Thrombose. Berichte dieser Art gibt es vom Roten Meer, aus Malaysia, von den Philippinen sowie aus Kuwait, dem Suez-Kanal und Japan.

Der Durchmesser ihres Schirmes liegt meistens bei 3 bis 8 cm, man hat aber auch schon welche mit 29 cm gesehen. Der Schirm ist nicht rund, wie bei anderen Quallen, sondern hat einen aus Lappen bestehenden Rand. Meistens ist er weiß, doch oft ist er von roten, radialen Ketten aus roten Tupfen durchquert. Ihre 16 Tentakel haben eine Länge von bis zu 29 cm. Die Vermehrung geschieht entweder durch die Entwicklung von Polypen oder sexuell, wobei die Eizellen vom Weibchen frei ins Wasser abgegeben werden und die Spermien diese frei schwimmned erreichen.

Der Magen dieser Qualle besteht aus vier herzförmigen Taschen, jede mit fingerartigen Trägern von Geschlechtszellen. Bei der asexuellen Fortpflanzung der Polypen bilden sich Knospen, die an ihrem Ende Greifarme haben, um sich vor der Trennung an einem Träger im Meeresboden festzuhalten. Dies verhindert Gefahren, die ein junger Polyp vor einer sicheren Verankerung ausgesetzt wäre, wenn er frei schwimmen würde. Strobilation, also sequentielle Abtrennung von horizontalen oberen Schichten, die sich zu Medusen entwickeln, kommt auch vor.

Ein Mund in jedem Arm

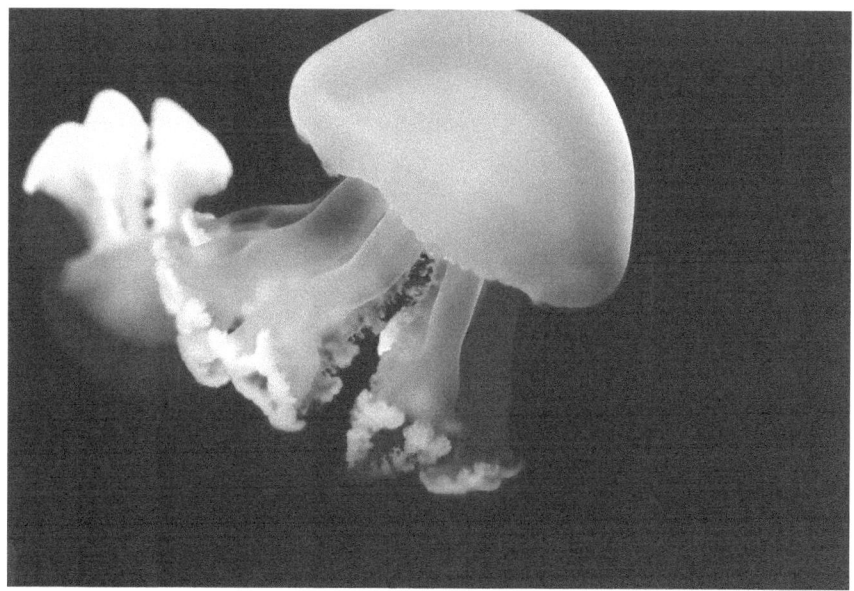

Catostylus mosaicus, in der englischen Umgangssprache »jelly blub-
ber« und im deutschen Sprachraum »Blumenkohlqualle« genannt,
ist die häufigste Quallenart in Australien. Man begegnet ihr dort vor
den Küsten von *Queensland*, *New South Wales* und *Victoria*, wo sie
oft Unheil bei den Badenden anrichtet und manchmal Schwärme in
seichten Gewässern bildet. Der Schirm ist in Südaustralien strahlend
weiß, cremefarben oder braun und im Norden hellblau oder blau.
Gelegentlich sind sie auch dunkel lila. Diese Farben entstehen durch
Pigmente, die die Qualle bilden und nicht, wie bei anderen Quallen,
durch symbiontische Einzeller. Der Schirm hat einen Durchmesser
von 30 bis 45 cm. Die Quallen ernähren sich von Plankton sowie von
kleinen Fischen und Krustentieren.

Das Besondere an dieser Qualle ist, dass sie nicht einen Mund in der Mitte hat wie alle anderen Quallen, sondern einen Mund in jedem von armartigen Gliedern, durch die die Beute in den Magen gelangt. Der Quallenstich kann für kurze Zeit schmerzhaft sein, aber bildet keine gesundheitliche Gefahr. Die Quallen können leicht in Aquarien gehalten werden und sind aufgrund ihrer Farben sehr beliebt. Sie leben 1 bis 1,5 Jahre und können mit leicht erhältlichen Salzkrebsen (*Artemia salina*) gefüttert werden.

Die nahe Verwandte *Catostylus tagi* benutzt man in der Medizin als Kollagenquelle für die Regeneration von Knorpeln nach einem Unfall oder operativem Eingriff sowie bei manchen Gelenkkrankheiten.

Millionen Euro Verluste durch den Suez Kanal

Rhopilema nomadica war früher im Indischen und im Pazifischen Ozean an Orten heimisch, an denen sie keinen Schaden für Menschen anrichten konnte. Doch nach dem Bau des Suez-Kanals im Jahre 1859 besiedelte sie nach und nach die Küsten Israels, der Türkei und Griechenlands und gelangte damit in die Nähe von Stränden, die von Touristen frequentiert werden. Der dadurch entstandene wirtschaftliche Schaden im Tourismussektor war enorm und verursachte eine völlige Umstrukturierung der Planung von neuen Badeorten. Hinzu kam noch, dass in küstennahen Industrieanlagen Rohre massiv durch Quallen dieser Art verstopft wurden.

Das Bild zeigt ein ausgewachsenes Tier mit einem Schirmdurchmesser von 90 cm. Normalerweise schimmert die Qualle in einer schwach blauen Farbe. Sie ernährt sich von Plankton.

Nobelpreis für die Entdeckung eines Quallenproteins

Aequorea victoria enthält das Protein GSP (engl.: *green fluorescend protein*), dessen Entdeckung und Anwendung Osamu Shimomura, Martin Chalfie und Roger Tsien im Jahre 2008 den Nobelpreis für Chemie eintrug.

GSP wird in der Medizin und allgemein in der Biologie wie folgt eingesetzt: Man koppelt an seine DNS die DNS eines anderen Proteins, nennen wir es P, welches man untersuchen möchte. Die resultierende Substanz injiziert man dann in den zu erforschenden Organismus – zum Beispiel eine Maus oder einen Menschen. Das DNS-Paar wird dann an allen Stellen gebunden, an denen P gebraucht wird.

Anschließend bestrahlt man den Organismus mit UV-Licht. GSP fluoresziert grün. Auf diese Weise erfährt man, an welchen Stellen im Körper das Protein P normalerweise vorhanden ist. Die DNS der Qualle nennt man deshalb »Reportergen«.

Die Qualle hat 100 fluoreszierende Organe rund um ihren Schirm, der 8 bis 20 cm misst. Man findet die Qualle entlang der Nordamerikanischen Küste von Kalifornien bis Vancouver. Man braucht sich nicht mehr die Mühe zu machen, die Qualle dort zu fischen, denn sie wurde kloniert und steht so mit ihrer DNS im Labor zur Verfügung.

Es sollte noch erwähnt werden, dass der Preis im Jahre 2008 nicht der einzige bisherige Nobelpreis gewesen ist in dem Quallen eine Schlüsselrolle spielten. Der Nobelpreis für Medizin im Jahre 1913 wurde an Charles Richet verliehen. Er hatte den anaphylaktischen Schock erklärt, ein durch eine allergische Reaktion des Immunsystems bedingtes Kreislaufversagen. Als Forschungsobjekt benutzte er Quallen der Gattung *Physalia* mit ihrer toxischen Wirkung.

Das zweitlängste Tier der Welt: Eine Qualle

Die längsten Tiere der Welt sind die sogenannten Schnurwürmer. Diese leben im Meer und erreichen eine Länge von bis zu 55 Metern. Hier aber ist die Rede von *Praya dubia*, einer Qualle, die eine Länge von 50 Metern erreicht. Sie besteht aus einer Kette von Quallen, Zooide genannt, die jeweils verschiedene Funktionen ausüben. Das größte Zooid (im Bild unten) enthält eine Schwimmblase zur Regulation der Höhe im Wasser. Neben der Schwimmblase befindet sich ein pulsierendes Organ, welches wie ein Propeller wirkt. Die meisten Zooide sind auf die Beschaffung von Nahrung mit Hilfe ihrer mit Nesseln besetzten Tentakel spezialisiert. Andere Zooide benutzen die Tentakel als Ausscheidungsröhre oder zur Verteidigung. Zooide können für sich alleine nicht überleben.

Die Dicke der Kette beträgt, ohne Tentakel, etwa 2 bis 3 cm. Die Qualle lebt in 700 bis 1000 Metern Tiefe in allen Ozeanen. Da sie dort einem hohen Wasserdruck Widerstand leistet, platzt sie, sobald man sie in Richtung Oberfläche bringt: Man sieht dann nur noch ein Häufchen gelantineartiger Masse. 1987 baute das *Monterey Bay Aquarium Institute* eine unter Hochdruck stehende Säule, in der man die lebende Qualle gut beobachten kann. Sie ist weiß und gelegentlich durchsichtig.

Das lange Tier ernährt sich von kleinen Krebsen und Fischen. Es hat keine Feinde, vermutlich aufgrund ihrer Größe und der Tatsache, dass andere Meereswesen Angst vor ihrer schlangenförmigen Gestalt haben.
David Attenborough zeigte dieses Tier sehr detailliert in seinem Dokumentarfilm *Blue Planet II*.

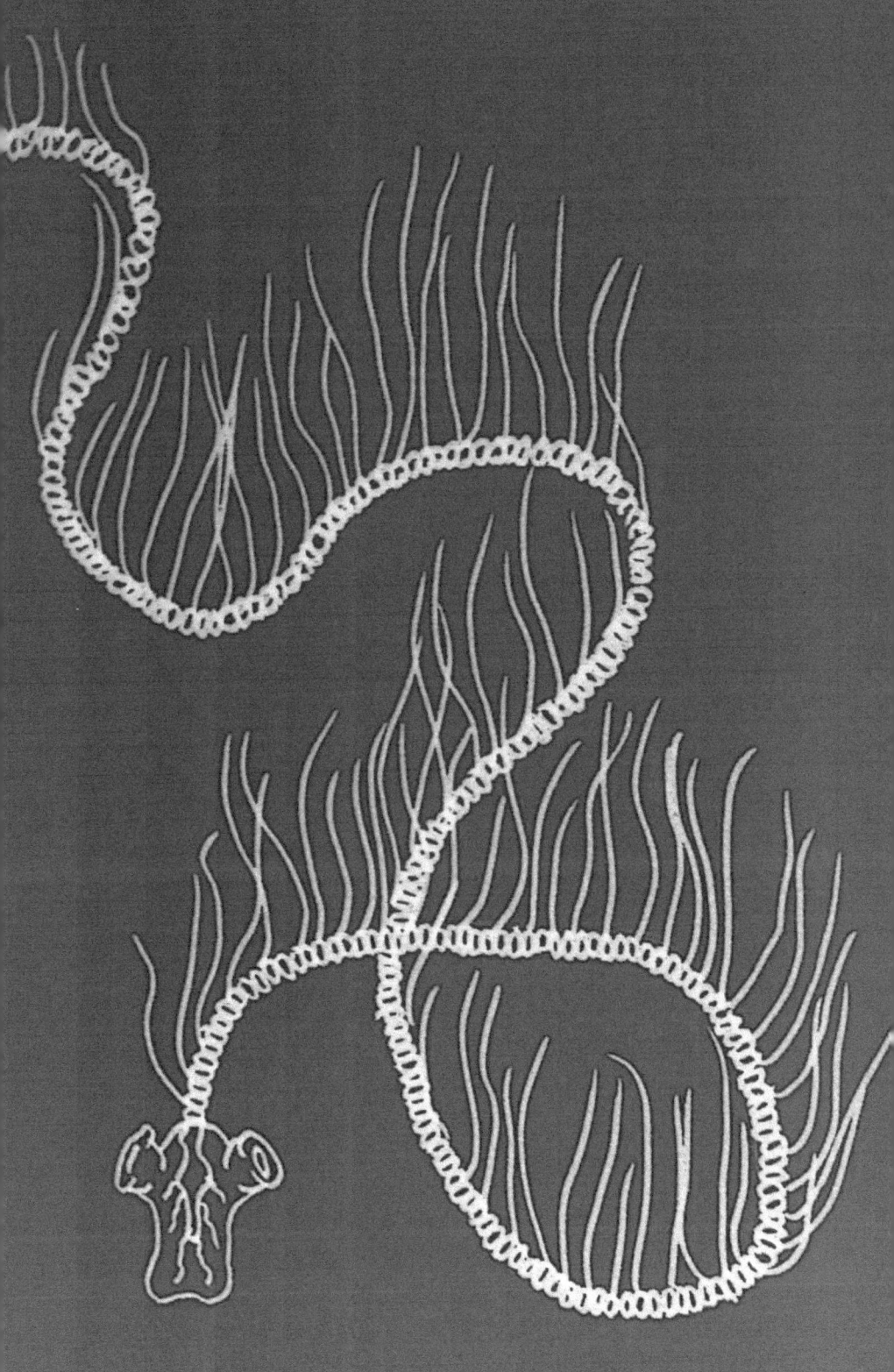

Gigantischer Teppich auf der Meeresoberfläche

Die Ordnung der *Chondrophoren* bildet auffällige Floße von Quallen auf der Meeresoberfläche, die aus sehr eng verbundenen Medusen bestehen. Die Mitglieder der Kolonie übernehmen nach und nach verschiedene Aufgaben: Die im Inneren gelegenen Quallen regulieren den Luftgehalt so, dass sie und die an ihnen angehefteten Quallen oben bleiben. Diese Kolonieteile bilden den runden Teil in der Mitte des folgenden Bildes. Die anderen kümmern sich um Nahrung oder um Vermehrung. Dabei vermehren sie sich, indem sie Nachbarn gebären.

Die abgebildete Art *Porpita porpita*, auch Blauer Knopf genannt, hat einen höchstens 30 mm großen Schirm. Ihre Farbe ist Blau oder Türkis, kann aber auch Zitronengelb sein. Sie ist fleischfressend. Der Zusammenhalt der Kolonie ist biochemisch so stark gefestigt, dass Quallen nach einer Trennung im Labor und nach einer Übergangszeit wieder zu ihren ursprünglichen Nachbarn zurückfinden.

Fossilien aus der *Borden Formation* im Nordosten von Kentucky und der *Carrara Formation* in Kalifornien haben ein geschätztes Alter von 650 Millionen Jahren, stammen also aus dem Neoproterozoikum und damit aus einer Zeit, in der die ersten mehrzelligen Lebewesen entstanden sind.

Ein wahrlich unsterbliches Tier

Die Familie der *Oceaniidae* ist weltweit in den Meeren verbreitet. Sie besteht aus Medusen mit oder ohne Stengel. Junge Tiere haben vier oder mehr Tentakel, ausgewachsene Tiere bis zu 100. Die Nesselzellen sind über die Tentakel gleichmäßig verteilt. Die rosafarbenen Medusen haben einen Durchmesser von circa 3 mm.

Im Westatlantik, von Neuengland bis Brasilien, kommt die Art *Turritopsis dohrni* vor, die früher *Turritopsis nutricula* genannt wurde. Sie bildet Kolonien von Polypen, die Medusen bilden. Diese werden nach 18 bis 22 Tagen geschlechtsreif und können dann durch Befruchtung neue Polypen bilden. Normalerweise sterben die Tiere nach der Befruchtung ab, dies gilt aber nicht für diese spezielle Art.

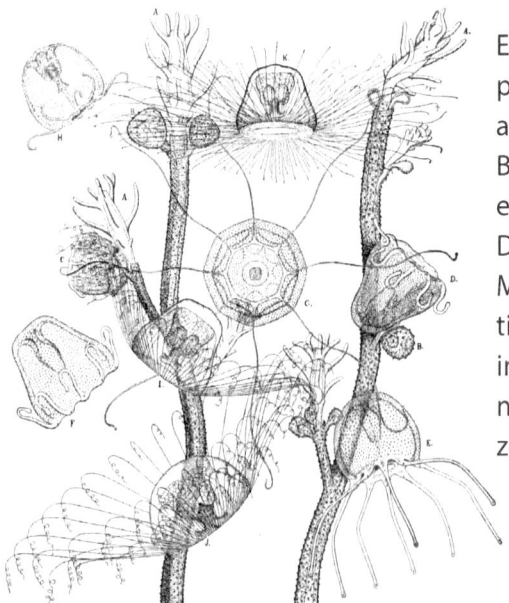

Es können aber auch Polypen direkt von der Meduse abgespalten werden (siehe Bild), wobei die Medusen ebenfalls nicht absterben. Die Polypen sind mit der Meduse genetisch identisch. Somit handelt es sich in diesem Fall um einen genetisch unsterblichen Vielzeller.

Alle Koloniemitglieder durch Röhren verbunden

Solanderia ist die einzige Gattung der Familie *Solanderiidae*. Im gewöhnlichen Sprachgebrauch nennt man sie auch »Baum-Hydroide« oder »Seefächer-Hydroide«. Die Polypen haben Tentakel und bilden große Kolonien in 2 bis 200 Meter Tiefe. Zuerst beschrieben wurden sie von William Marshall im Jahre 1892.

Aus den Polypen spalten sich Medusen ab. Diese vermehren sich geschlechtlich, indem das Weibchen Eizellen ins Wasser freisetzt, die durch frei schwimmende Spermien befruchtet werden.

Die Art *Solanderira ericopsis* findet man nur in Neuseeland. Die Art *Solanderia procumbens* (»Grauer Fächer-Hydroid«) lebt an der südafrikanischen Küste zwischen KwaZulu-Natal und der Kaphalbinsel.

Im Gegensatz zu anderen Quallen haben die Polypen kein Chitin-skelett außen, sondern ein inneres Skelett, wobei die Individuen über röhrenartige Strukturen mit den anderen Polypen der Kolonie verbunden sind. Die Höhe der Kolonie kann 50 cm erreichen und erneuert sich etwa alle 15 Jahre.

Aus den Polypen spalten sich Medusen ab. Diese vermehren sich geschlechtlich, indem die Weibchen Eizellen in das Wasser abgeben, die durch frei schwimmende Spermien befruchtet werden. Die befruchteten Eizellen werden nach einer Metamorphose als Polypen letztendlich in die Röhrenstruktur integriert.

Solanderiae werden hauptsächlich von schneckenartigen Tieren gefressen.

Stapel von Platten

Milleporidae ist eine Familie von Quallen, die große äußere Ähnlichkeit mit Korallen hat. Fälschlicherweise nennt man sie auch »Feuerkorallen«. Sie bilden Kolonien von Platten (siehe Bild) oder verästelte Gebilde. Der Name (aus dem Griechischen: »tausend Poren«) bezieht sich auf ihre auffällig große Zahl an mikroskopisch kleinen Öffnungen.

Man findet sie im Indischen, Pazifischen und Atlantischen Ozean, insbesondere in der Karibik, und zwar in Tiefen von bis zu 40 Metern. Die Polypen sind von einem Chitin-Skelett bedeckt. Sie haben Tentakel mit Nesseln. Die damit gefangene Beute wird durch die Poren ins Innere getragen. Für Schwimmer bilden sie eine doppelte Gefahr, da sowohl Schnitte durch die Skelett-Struktur als auch Wunden durch die Nesseln drohen.

Im Inneren gibt es Algen, die mit der Qualle in einer Symbiose leben, indem sie Photosynthese betreiben und somit zur Ernärung beitragen. Dafür schützt die Qualle die Algen vor Phytopredatoren.

Die Vermehrung erfolgt zunächst asexuell, indem die Polypen Medusen erzeugen. Diese vermehren sich dann geschlechtlich, indem Eizellen und Spermien in das Wasser entlassen werden. Die so entstehenden Eier werden dann zu Larven, die sich am Boden niederlassen und dort zu neuen *Milliporidae* werden.

Durch den Klimawandel und die zunehmende Wasserverschmutzung erleiden diese Tiere das gleich Schicksal wie die Korallen. Sie werden bleicher und sterben ab. Zusätzlich wird ihr Bestand durch eine sich immer weiter durchsetzende Form des Fischfangs, besonders in Brasilien, dezimiert: Dabei wird die Kolonie durch ein Netz umringt und anschließend durch Schläge von außen zerstört. Die vielen zwischen den Platten der Qualle geschützt lebenden Fische können dann leicht im Netz gefangen werden.

Große Beute wird vor dem Essen außen verdaut

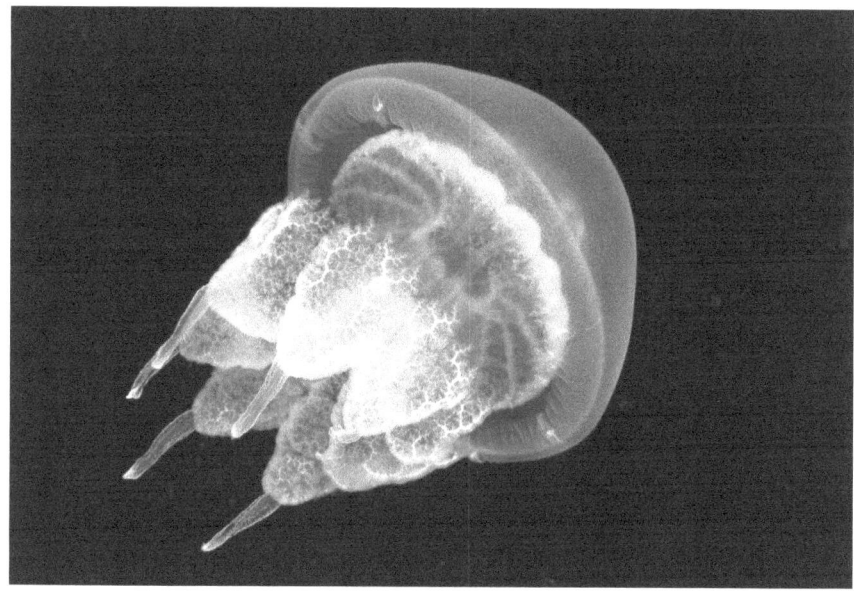

Mehrere Quallenarten der Gattung *Rhizostoma* leben entlang der Atlantikküste Europas, von Südschweden über die Küste Dänemarks, Deutschlands und Belgiens bis hin zu den nördlichen und westlichen Küsten Frankreichs.

Sie sind weiß oder bläulich und haben einen riesigen Durchmesser von bis zu zwei Metern. Sie wiegen bis zu 200 kg und haben bis zu fünf Meter lange Tentakel. Aus ihrer Mitte ragen armartige Glieder, die ebenfalls jeweils länger als zwei Meter werden können.

Anders als bei anderen Quallen haben sie keine Mundöffnung, dafür aber zahlreiche kleine Poren in den Gliedern. Größere Beute passt in der Regel nicht durch diese Poren. Deshalb wird eine solche Beute von den Tentakeln umschlossen, mit Hilfe der dortigen Nesselzellen betäubt und dann durch Verdauungssäfte, die aus den Poren strömen, verdaut. Diese Prozedur zersetzt die Beute so weit, dass sie anschließend durch die Poren aufgesogen werden kann.

Die Vermehrung geschieht durch Strobilation, indem sich Schichten des Tieres, die von den Polypen abgetrennt werden, zu Medusen entwickeln. Dies geschieht im Herbst und im Frühjahr. Es entstehen blaue männliche und braune weibliche Geschlechtsorgane, mit denen sich die Qualle dann geschlechtlich vermehrt.

Sehr selten Sex

Arten der Ordnung *Limnomedusae* kommen teilweise im Salzwasser und teilweise im Süßwasser vor. Einige Arten haben keine sexuell reproduzierende Medusenform, so jene der Gattung *Monobrachium*.

Die Medusen dieser Arten leben solitär oder in Kolonien und besitzen Tentakel. Sie vermehren sich durch die Abspaltung von wurmartigen Gebilden, sogenannten Wanderfrusteln, die sich fortbewegen. Die Medusen können auch als Knospen solcher Polypen entstehen und bleiben bei einigen Arten fest mit den erzeugenden Polypen verbunden.

Sie sind durchsichtig und ihr Durchmesser kann bis zu 15 cm betragen. Man kann sie im *Monterey Bay Aquarium* bewundern.

Ein Staat von Quallen

Die Arten der Ordnung *Siphonophorae*, die sogenannten Staatsquallen, bildet Kolonien mit Tausenden von schwimmenden Polypen aus. Diese sind miteinander verbunden und haben unterschiedliche Aufgaben. So gibt es Tastpolypen (Dactylotoide), Bewegungspolypen (Nextophores), Geschlechtspolypen (Gonozooide), Verdauungspolypen (Palpons) und Schwimmblasen (Nectophoren). Die bekannteste Art ist die sehr giftige Portugiesische Galeere *Physalia physalis*.

Ihre Tentakel können bis zu 50 Meter lang werden. Bis ins Jahr 2000 hinein fand man sie nur nahe der Meeresoberfläche. Doch dann entdeckte man sie in Tiefen von 1600 bis 2600 Metern. Die Tentakel sind als blaugrün bekannt und man fand heraus, dass die Tiefsee-Exemplare zusätzlich ein rotes Licht aussenden. Man vermutet, dass sie damit eine Beute anlocken, die ihrerseits ein rotleuchtendes Wesen frisst. Dadurch können die Staatsquallen im dunklen und tierarmen Tiefseegewässer überleben.

Gelbes, grünes oder violettes Meer

Die Arten der Ordnung der Fahnenquallen (*Semaeostomeae*) können Schirme von bis zu zwei Metern Durchmesser haben. Die Polypen sind zwei bis sieben Millimeter klein. Die Medusen sind durchsichtig, haben aber blaue, gelbe, grüne oder violette Flecken. Wenn sie in riesigen Schwärmen vorkommen, erscheint das Meer in diesen Farben. Bekannt sind die in der Nord- und Ostsee vorkommenden Ohrenquallen (*Aurelia aurita*), denen ein eigenes Kapitel in diesem Buch gewidmet ist (Kapitel »Effiziente Augenlinsen«). Auf dem Bild: *Parumbrosa polylobata* aus der *Semaeostomeae*-Familie der *Ulmaridae*.

Ein fallendes Netz

Die Blaue Nesselqualle (*Cyanea lamarckii*) gehört zur Ordnung der Fahnenquallen. Der Schirm ist in der Mitte sehr dick und wird zum Rand hin dünner. Ihr Durchmesser beträgt bis zu 30 Zentimeter.

Die Tentakel der Qualle bilden vier rechteckige Gruppen mit circa 50 Stück pro Gruppe. Sie erreichen eine Länge von 100 Zentimetern.

Junge Tiere sind durchsichtig, später kann sich aber eine blasse Färbung in den Farben Gelb, Braun, Blau oder Grau einstellen. Nahe des Mundes befinden sich vier blassrosa Geschlechtsteile.

Man findet sie im Atlantik in Skandinavien sowie in der Nord- und Ostsee. Sie ernähren sich unter anderem von anderen Quallen. Zum Fang stellen sie ihre Schwimmbewegungen ein, bilden mit ihren Tentakeln ein Netz und lassen sich fallen.

Quallen als Parasiten von Quallen

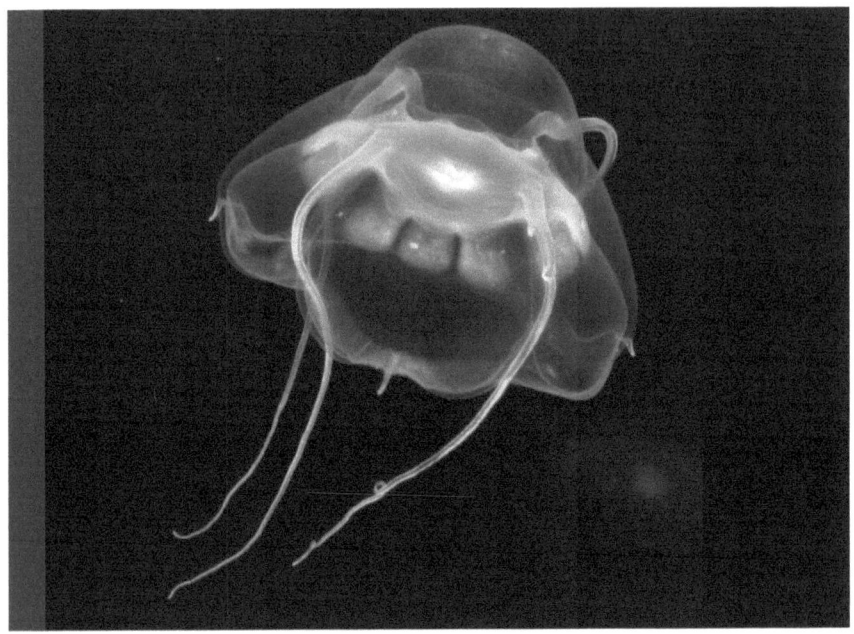

Die *Narcomedusa* ist eine Ordnung der Quallen. Sie schwimmen frei im Wasser oder sitzen in Sandlücken, die sie sich am Meeresgrund bauen.

Der Schirm der Meduse besteht aus Zonen mit je einem Tentakel. Diese sitzen nicht am Rand des Schirmes, wie bei anderen Quallen, sondern befinden sich näher an der Schirmspitze.

Sie vermehren sich geschlechtlich. Einige junge Medusen leben parasitär im Inneren des Muttertieres oder innerhalb anderer Quallen. Das Bild zeigt die Art *Nathykorus bouilloni*.

Muskelprotze

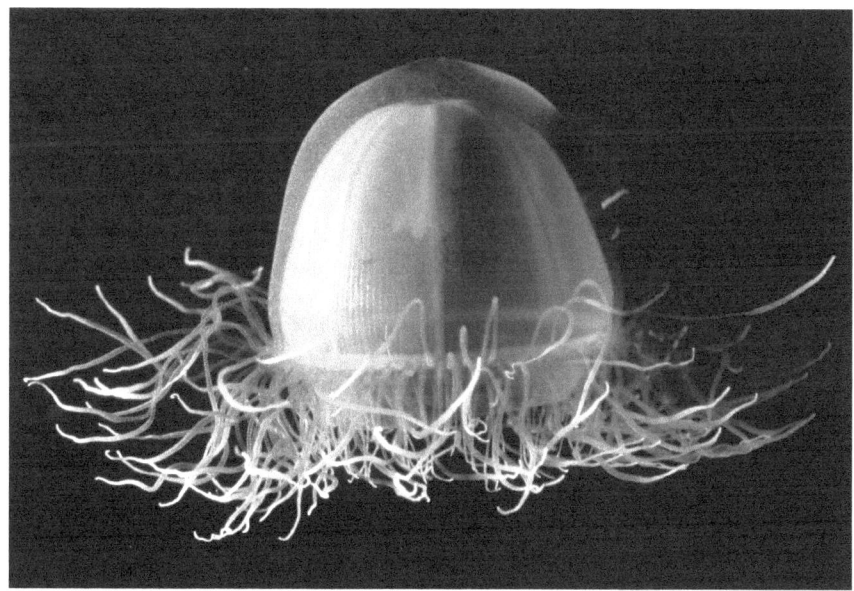

Die Arten der Familie *Rhopalonematidae*, entdeckt 1953 von dem englischen Meeresbiologen Frederick Stratten Russell (1897–1984), haben einen Schirmdurchmesser von einigen Millimetern bis hin zu zehn Zentimetern. Sie sind weltweit verbreitet und mit 16 Gattungen und 36 Arten die artenreichste Familie aus der Ordnung der *Trachymedusae*. Sie bilden somit einen großen Bestandteil des Meeresplanktons. Auf dem Bild ist ein Exemplar dieser Familie, nämlich der Gattung *Crossota* zu sehen. Es sind fünf Arten dieser Gattung bekannt: *Crossota alba*, heimisch an der westlichen Küste Indiens, *C. millsae*, die 1000 bis 2500 Meter tief vor Hawaii und Kalifornien lebt und Leuchtorgane besitzt, *C. brunnea*, *C. rufobrunnea* und *C. norvegica*, die hier auf dem Bild zu sehen und in Tiefen um 1000 Meter in der Arktis zu finden ist.

Im Vergleich zu anderen Quallengattungen bilden die Arten der Gattung *Crossota* keine Polypen, sondern verbringen ihr ganzes Leben als Medusen. In Taschen innerhalb des Schirms und nahe der Mundöffnung entwickelt sich der Nachwuchs, der dann lebendgebährend in das Wasser abgegeben wird. Die meist keulenförmigen Tastorgane und zahlreiche Tentakel ragen am Rand des Schirmes nach außen.

Zur Fortbewegung und zur Jagd benutzen die *Crossota*-Quallen eine Muskulatur an der Unterseite ihres Schirmes, die in ihrer Stärke in der Welt der Quallen alle anderen übertrifft.

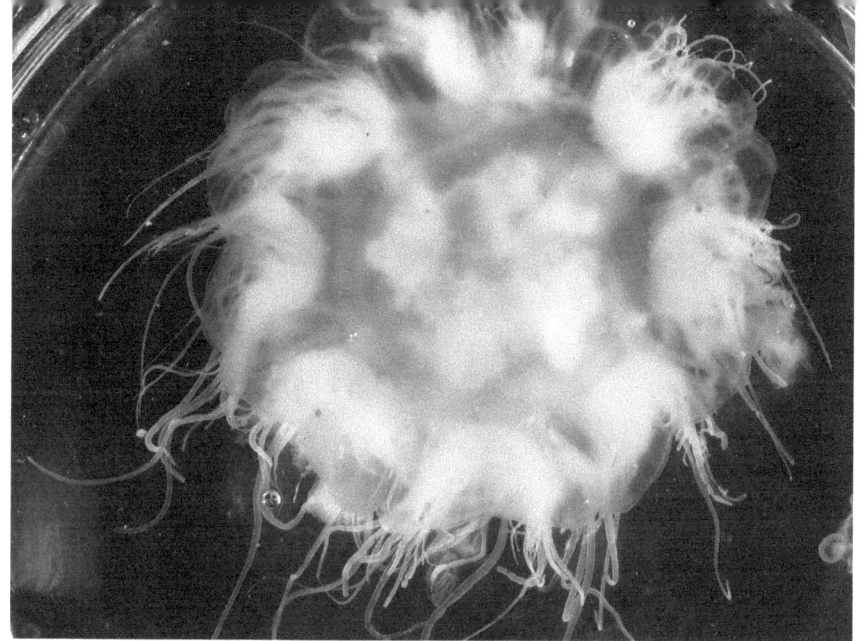

Die »Löwenmähne ist Schuld«
sagt Sherlock Holmes

In dem Krimi »Die Löwenmähne« von Arthur Conan Doyle klärt der Detektiv Sherlock Holmes einen Todesfall auf. Als Schuldige entpuppt sich die Qualle namens »Gelbe Haarqualle« oder »Löwenmähne« (*Cyanea capillata*). Sie erhielt diesen Namen, da sie mit ihrem gelben Schirm an einen Löwen erinnert.

Der Schirm hat einen Durchmesser von bis zu einem Meter und besitzt bis zu 150 Tentakel, die eine Länge von 30 Metern erreichen können. Man findet sie im Nord-Atlantik, im Ärmelkanal, in der Nordsee und der westlichen Ostsee. Dort bildet sie Schwärme (siehe Bild) und ernährt sich von Zooplankton. Um dieses zu fangen, breitet sie sich aus und lässt sich fallen. Die Stiche ihrer Nesseln sind so heftig, dass sie wie eine stärkere Verbrennung behandelt werden müssen. Auf dem Bild: *Cyanea capillata*.

Ein Hospiz für Fische

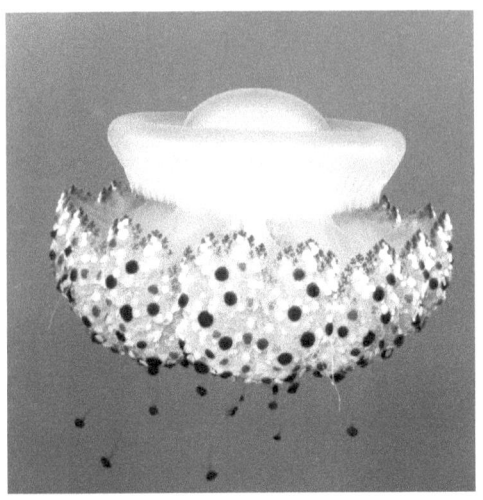

Die Spiegeleiqualle (*Cotylorhiza tuberculata*) wird so genannt, weil sie eine gelbe Erhebung in der Mitte besitzt, die an den Dotter eines Spiegeleis erinnert. Sie lebt nahe der Wasseroberfläche und ist hinreichend gut mit Muskeln bestückt, um frei schwimmen zu können, ohne von Meeresströmungen behindert zu werden. Sie wird von vielen kleinen Fischen begleitet, die durch die Nesseln der Qualle Schutz finden.

Die Qualle hat viele Tentakel mit violetten, knopfartigen Verdickungen an ihren Enden, die sich im Ruhezustand mit den entsprechenden Stellen der Artgenossen berühren, so dass sie nicht isoliert sind. Die weiblichen Quallen lassen kurz vor ihrem Tod Larven frei. Diese reifen zu fünf bis zehn Zentimeter großen Polypen heran, die jeweils 16 Tentakel haben. Im Frühjahr schnüren diese Polypen Knospen ab, die sich zu Medusen entwickeln.

Effiziente Augenlinsen

Die Ohrenqualle (*Aurelia aurita*) ist in allen Ozeanen zwischen dem 55. Breitengrad Süd bis hin zum 70. Breitengrad Nord verbreitet. In Deutschland findet man sie zuhauf in der westlichen Ostsee und an der Nordseeküste.

Ihr Schirm ist weiß bis gelblich, er hat einen Durchmesser von bis zu 30 Zentimetern und vier braunrote Geschlechtsorgane. Nach der Befruchtung im Inneren des Weibchens, gibt dieses Eier in das offene Wasser ab. Diese entwickeln sich zu beweglichen Larven, die sich mit dem Mund nach oben am Meeresboden festsetzen. Dort bilden sie Abschnürungen (Strobilation), die sich wiederum zu Medusen entwickeln.

Ihre Muskulatur ist so gut, dass sie eine Geschwindigkeit von bis zu zehn Kilometern pro Stunde erreichen. Zusätzlich können sie Strömungen besonders geschickt nutzen. In erwachsenen Medusen erkennt man im Lichtmikroskop sogenannte *Rhopalia*. Dies sind Augen mit Linsen. Außerdem besitzen sie *Statolithe*, also Körnchen aus festem Material, die sich durch ihr Gewicht so verlagern, dass sie der Qualle mitteilen können, in welcher Position sie sich jeweils befindet.

Erbrechen nach Berührung

Die Nesseln der Lichtqualle (*Pelagia noctiluca*) durchdringen die menschliche Haut und können heftiges Brennen, Übelkeit und starke Kopfschmerzen erzeugen. Das Gift kann allerdings durch Magnesiumsulfat neutralisiert werden.

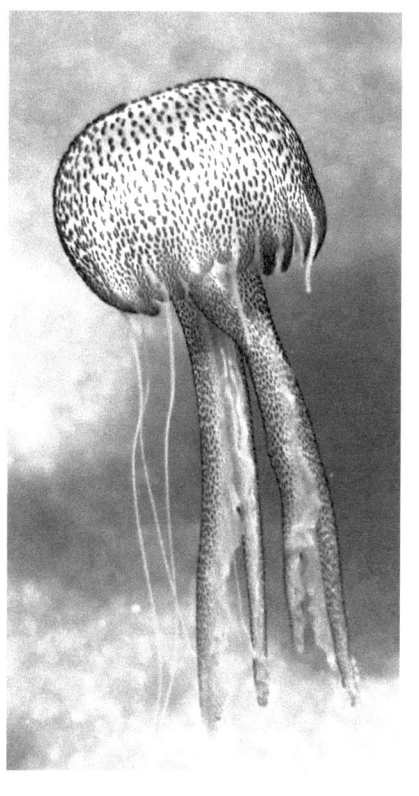

Ein weiteres Problem stellen die Angriffe dieser Quallenart auf Aquakulturen dar. Es gab Fälle, bei denen hunderttausende Lachse getötet wurden. Der Name der Art *noctiluca* bedeutet »nachtleuchtend«. Diese Funktion ist für die Erkennung bei der geschlechtlichen Fortpflanzung sowie für die Bildung von Schwärmen wichtig. Gelegentlich erreichen die Schwärme massive Ausmaße mit Längen von einigen Kilometern.

Der Schirm hat einen Durchmesser von bis zu 12 Zentimetern. Die Farbe kann blassrosa oder lila und manchmal bräunlich sein. Um den Mundwinkel herum finden sich vier gekrauste Mundtentakel. Aus dem Schirmrand entspringen acht Fangtentakel, die einen Meter lang werden können. Sie ernähren sich von anderen Quallen und Zooplankton.

Man findet sie weltweit, vor allem aber im Roten Meer, im Mittelmeer und im Golf von Mexiko. Sie lebt in einer Tiefe von etwa 20 Metern. Ein Polypenstadium hat sie nicht; die erwachsenen Medusen entlasssen im Herbst voll entwickelte junge Medusen. Die Eltern sterben danach.

Milliarden von Quallen rund um Japan

Die Nomura-Qualle (*Nemopilema nomurai*) ist eine sehr große Quallenart, die man neurdings milliardenfach vor den japanischen und südchinesischen Küsten antrifft. Im Jahre 2009 schätzte man circa 20 Milliarden Exemplare vor der Küste Japans. Diese Vermehrung hat verschiedene Gründe:

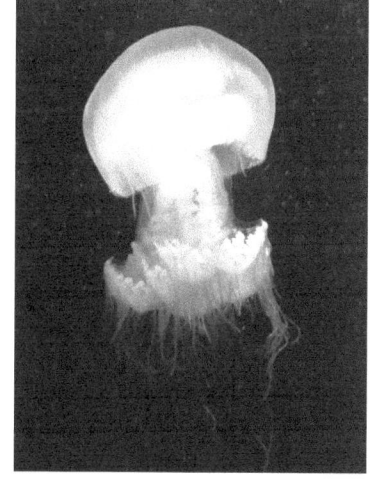

1. Die Überfischung führt zu einer drastischen Abnahme der Nahrungskonkurrenten.
2. Die globale Erwärmung beschleunigt die Entwicklung der Larven.
3. Bei der Tötung der Weibchen durch die Fischer gelangt eine übermäßige Zahl von zuvor innen befruchteten Eiern ins Meer, die sich gleich danach entwickeln können, ohne den langen, mühsamen Lebensweg zu durchlaufen, während dessen sie oft durch Predatoren dezimiert werden.

Die rasante Vermehrung der Quallen hat harte wirtschaftliche Konsequenzen, da sich die Quallen in den Fischernetzen verfangen, die schon gefangenen Fische zerquetschen und die Netze zum Reißen bringen.

Der Schirm hat einen Durchmesser von bis zu zwei Metern und ein Gewicht von 200 Kilogramm. Die Tentakel werden fünf Meter lang. Sie ernähren sich von Plankton. Bei Menschen kann der Kontakt mit ihnen Lungenödeme erzeugen, weshalb die Fischer Schutzkleidung und -brillen tragen.

Nur gefilterte Nahrung

Die Wurzelmundqualle (*Rhizostoma octopus*), auch Blumenkohlqualle genannt, ernährt sich von Plankton, das sie durch ein blumenkohlartiges Organ filtert. Das Bild auf der rechten Seite zeigt die Meduse von unten gesehen; der helle mittlere Ring enthält den Filter. Tiere gleicher Gattung wurden weiter oben im Buch schon beschrieben (Kapitel »Große Beute wird vor dem Essen außen verdaut«). Dieses Kapitel beschreibt solche Quallen aus einer anderen Perspektive.

Der Schirm ist bis zu 2 Meter groß. Die Farbe ist weiß bis cremefarbig, oben aber bläulich getönt. Die Geschlechtszellen sind gelb über braun bis hin zu rot bei den Weibchen und blau bei den Männchen. Sie hat acht Tentakel, deshalb der Name *octopus*. Diese sind so lang wie der Schirm. Aus dem Schirm ragen auch gekräuselte Bänder heraus, die blumenkohlähnlich zusammenwachsen und so den Plankton-Filter bilden. Diesen Filter sieht man im mittleren Teil des folgenden Bildes.

Diese Quallen leben an den Atlantikküsten Europas und im Ärmelkanal. Den Winter verbringen sie in tiefen Gewässern. Im Frühjahr tauchen sie auf in seichtere Gewässer und pflanzen sich dort fort. Dort schnüren die Polypen Knospen von sich ab, aus denen sich Medusen entwickeln. Nach ihrer sexuellen Vermehrung werden sie oft an Küsten angespült. Unter den Kadavern hat der sogenannte Quallenflohkrebs seine Heimat gefunden.

Mit der Strömung gelangen sie in die Nordsee oder ins Mittelmeer. Im östlichen Teil des Mittelmeeres werden sie von Fischern aus der Türkei gefangen, pro Jahr circa 100 Tonnen, und als Nahrung vermarktet.

Invasion in Mexiko

Die Gepunktete Wurzelmundqualle (*Phyllorhiza punctata*) war ursprünglich zwischen Australien und den Philippinen verbreitet. Seit dem Jahr 2000 ist sie häufig im sehr weit entfernten Golf von Mexiko gesichtet worden. Was war geschehen? Keiner weiß es.

Der Durchmesser des Schirmes beträgt bis zu 70 Zentimeter. Sie ist durchsichtig bis leicht bläulich und hat keine Tentakel. Um die Mundöffnung herum besitzt sie acht paarweise angeordnete, armartige Strukturen. Im Inneren befinden sich Einzeller, die mit ihr in Symbiose leben: Sie versorgen die Qualle mit Nahrung, ähnlich wie die Einzeller im menschlichen Darm, während die Qualle die Einzeller vor Predatoren schützt.

In den Wintermonaten leben sie als Polypen am Meeresgrund und im Sommer als Medusen nahe der Merresoberfläche. Dort pflanzen sie sich geschlechtlich fort. Die Polypen sorgen für eine ungeschlechtliche Fortpflanzung, indem sie Larven abschnüren, die sich zu Medusen entwickeln.

Zuerst männlich, dann zwittrig, dann weiblich

Die Kompassqualle (*Chrysaora hysoscella*) wird so genannt, weil sie auf dem Schirm eine Zeichnung hat, die an eine Kompassrose erinnert. Die Hintergrundfarbe des Schirms ist weiß oder weißlich und relativ flach. Die Bänder der »Kompassrose« sind orange, rot oder braun. Ähnliche Farben haben die 24 kräftigen Tentakel. Ihre Länge erreicht das Fünffache des Schirmdurchmessers, der bis zu 35 cm beträgt. Die Enden der Tentakel sind spiralförmig und ihr Nesselgift ist so stark, dass es heftige Kreislaufbeschwerden beim Menschen verursachen kann.

Sie leben einige Meter unter der Meeresoberfläche. Junge Medusen sieht man zuerst im Mai, ältere Tiere von Juni bis Oktober. Zuerst haben sie nur männliche Gehlechtsorgane, dann sind sie zwittrig und betreiben oft Selbstbefruchtung. Die Eier reifen  dann innerhalb der Qualle und werden als Larven in das Wasser entlassen. Später haben sie nur weibliche Geschlechtsorgane.

Die Larven setzen sich am Meeresgrund fest und können sich ungeschlechtlich vermehren. Dazu bilden sie Knospen, die sich zu Larven entwickeln. Aus diesen werden dann geschlechtsreife Quallen.

Atypische Körperform: Eine »Monster-Qualle«

Rhopilema verrilli ist eine Qualle der Ordnung der Wurzelmundquallen, deren Gestalt durch ihre Andersartikeit auffällt. Ihr Schirm hat einen Durchmesser von bis zu 50 cm. Sie hat keine Tentakel, jedoch Arme, die teilweise gekräuselt sind. Die daraus resultierenden Kräusel benutzt sie, um Plankton vor der Aufnahme in den Quallenkörper zu filtern. Das Plankton wird durch Bewegung des Schirms hin zu den Kräuseln gezogen.

Die Vermehrung geschieht geschlechtlich durch männliche und weibliche Tiere. Die Polypen vermehren sich ungeschlechtlich durch die Bildung von Knospen.

Ein Magen halb so groß wie der ganze Körper

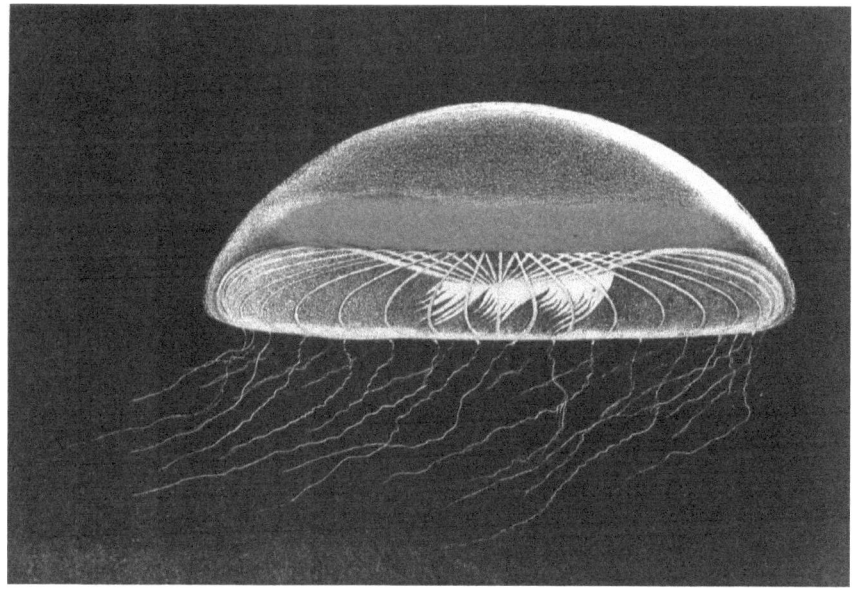

Aequorea forskalea gehört zur Familie der *Aequoreidae*, so wie *Aequorea victoria*, die auch in diesem Buch besprochen wird. Sie wurde 1810 im Mittelmeer entdeckt und später überraschenderweise auch in weit vom Mittelmeer entfernten Regionen beobachtet, so im Südwest-Atlantik nahe Patagonien, an der Westküste Südafrikas, in der Nordsee und an der Küste Norwegens. Sie lebt in Tiefen zwischen 100 und 150 Metern.

Der fast völlig durchsichtige Schirm hat einen Durchmesser von bis zu 18 Zentimetern, ist auffallend dick in der Mitte und wird flacher in Richtung des Randes. Aus noch nicht geklärten Gründen ist der Magen etwa halb so groß wie das Körperinnere. Die Qualle hat bis zu 160 Tentakel. So wie *Aequorea victoria* (siehe das Kapitel »Nobelpreis für die Entdeckung eins Quallenproteins«) besitzt sie ein Protein, GSP, das bei Bestrahlung durch UV-Licht grün fluoresziert. Durch Kopplung von GSP mit der DNS bestimmter Proteine im Labor kann man diese Proteine im menschlichen Körper mit UV-Licht verfolgen und aufgrund ihrer Lage medizinische Diagnostik betreiben.

Die »Quallenblüte«: Ein schwimmender Teppich aus Millionen Quallen

Im Frühjahr 2021 erlebte man nahe der Küste von Triest eine sogenannte Quallenblüte. Sie besteht aus Millionen von Medusen, meistens der Art *Rhizostoma pulmo* (»Lungenfisch«), die dicht aneinander gedrängt die Meeresoberfläche bedecken. Die genauen Ursachen kennt man nicht, aber man beobachtet dieses Phänomen seit der Klimawende Ende des 20. Jahrhunderts. Auch die Überfischung kann eine Ursache sein, da die fehlenden Fische normalerweise Nahrungskonkurrenten sind. Ein anderer Ort, an dem das Phänomen beobachtet wurde, ist das *Mar Menor*, eine 136 km² große Lagune in Südostspanien.

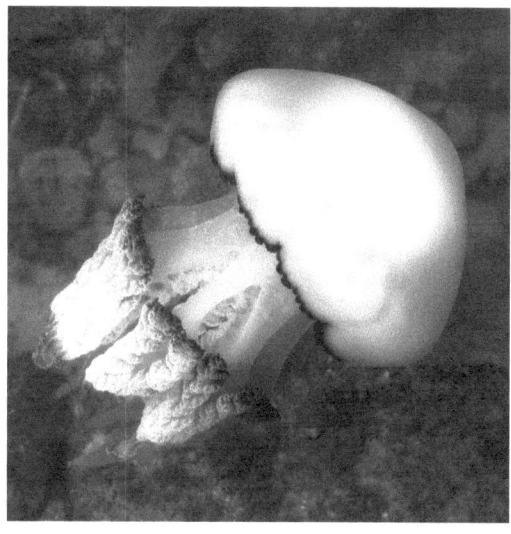

Zum Glück erzeugen die Nesselstiche beim Menschen nur ein leichtes Unwohlsein. Es ensteht durch die Quallenvermehrung jedoch ein Schaden für die Fischwirtschaft, da die Fischernetze von ihnen zerrisen oder verstopft werden. Ferner zerdrücken sie innerhalb eines Netzes durch ihr hohes Gewicht die Fische.

Sonst findet man den Lungenfisch an der ganzen europäischen Atlantikküste, im Ärmelkanal, in Nord- und Ostsee sowie im Mittelmeer und im Schwarzen Meer. Der Schirmdurchmesser erreicht 90 cm, er ist rosa und hat einen blauen oder violetten Saum mit acht Tentakeln. Der Lungenfisch ernährt sich von Plankton.

Die adulten Medusen pflanzen sich sexuell fort, indem sie Eizellen und Spermien in das Meerwasser abgeben. Aus dem dort befruchteten Ei entsteht eine Larve und dann ein Polyp, der sich am Meeresgrund festsetzt. Durch Knospung kann er weitere Polypen erzeugen. Es folgt dann die Strobilation, bei der bis zu 8 Einschnürungen entstehen. Die eingeschnürten Teile entwickeln sich gleichzeitig, lösen sich und werden Medusen.

Die Stiche können psychiatrische Folgen haben

Gonionemus vertens stammt aus dem Nordpazifik, ist aber in mehrere Regionen eingeschleppt worden, so etwa ins Mittelmeer, vor die Atlantikküste von Portugal bis Skandinavien und sogar in das Mar del Plata in Argentinien. Bei Menschen erzeugen diese Quallen Krämpfe sowie anaphylaktische Schocks und können diverse psychiatrische Krankheiten auslösen. Dies kann vor allem an ihrem Ursprungsort (Nordpazifik) geschehen. Ungeklärt ist geblieben, warum diese Qualle an anderen Orten schwächere oder gar keine Schäden am Menschen verursacht. Dies könnte möglicherweise daran liegen, dass sich Unterarten entwickelt haben.

Der Schirm ist durchsichtig und misst zwischen einem und vier Zentimetern. Die 60 bis 110 Tentakel werden etwa doppelt so lang wie der Schirmdurchmesser. Ein Teil von ihnen hat eine klebrige Oberfläche, die diese Quallen zum Jagen nutzen, aber auch, um sich an Pflanzen oder andere schwimmende Objekte anzuhängen, weshalb sie im Englischen *clinging jellyfisch* (»hängende Quallen«) heißen. Sie suchen sich dafür Stellen, die günstig für ihre Planktonjagd sind. Eine Anmerkung: Im Bild unten gehört die weiße Verbindungslinie zwischen den Quallen zu einer Pflanze und nicht zu einer der Quallen.

Die Geschlechtsteile fallen durch ihre Färbung auf. Sie sind orange, rot oder violett bei den Weibchen und gelbbraun bei den Männchen. Tausende Eizellen und Spermien werden im Wasser freigesetzt. Aus den befruchteten Eiern entstehen Larven, die sich auf Algen, Muscheln oder Steinen festsetzen. Daraus entstehen Poypen, ein bis zwei Millimeter groß, die sich durch Knospung asexuell fortpflanzen können. Manche leben über Jahre in diesem Stadium. Andere entwickeln sich zu Medusen, die sich im Frühjahr in Regionen nahe der Oberfläche begeben, sich dort sexuell vermehren und spätestens drei Monate danach sterben.

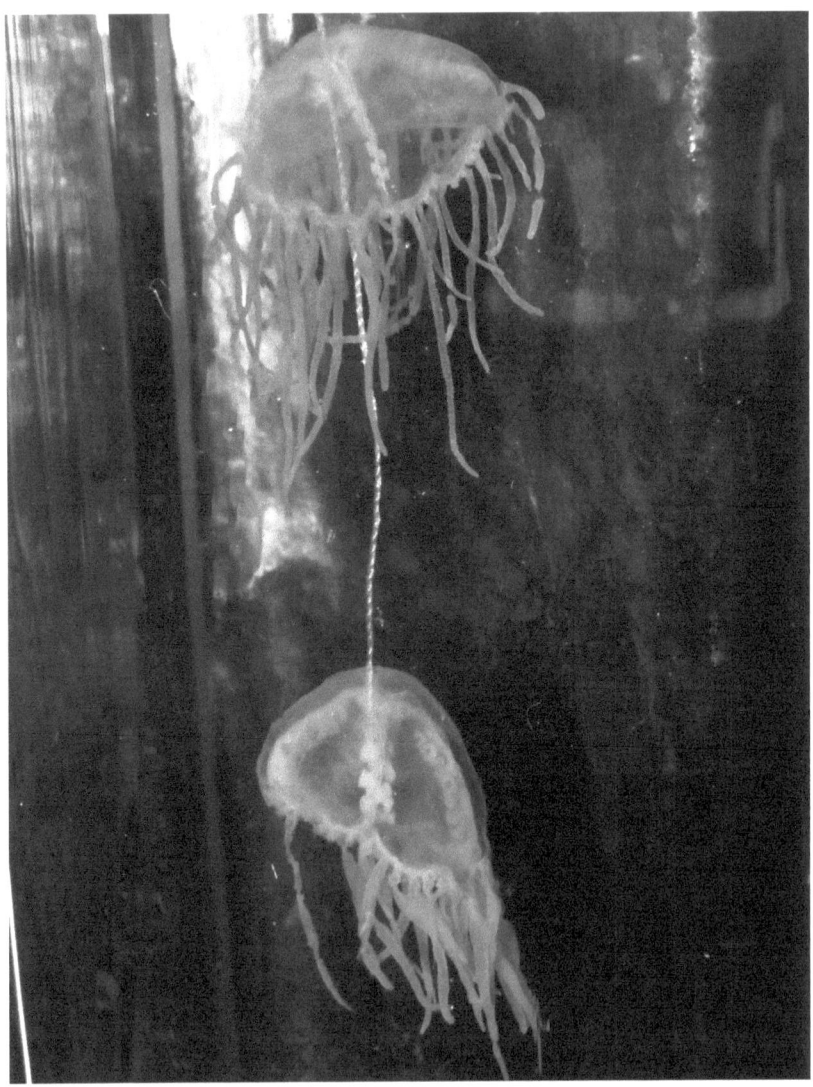

Unfähig zu schwimmen

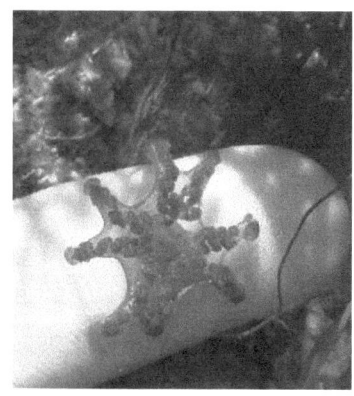

Die Stielquallen (*Stauromedusae*) haben keine Muskelzellen und können deshalb nicht schwimmen. Der Oberteil des Körpers ist die Meduse und ein Stiel der Polyp, durch den sie wie eine Pflanze feststehen. Die Meduse ist etwa 5 cm groß und enthält die Geschlechtsteile. Der Stiel hat acht armartige Gliedern mit je 20 bis 100 unbeweglichen Tentakeln. Durch ein klebriges Sekret können sie an Pflanzen haften. Zur Nahrungsaufnahme oder aufgrund eines äußeren Reizes lösen sie sich ab, bis sie an einem anderen Ort andocken können. Auf dem Bild ist die Art *Kishinouyea corbini* zu sehen. Die Qualle auf dem Finger hat auf diesem Bild ihren Stiel oben und der weiße Markierungsbalken beträgt 5 mm. Bildbreite 2 cm.

Es gibt männliche und weibliche Quallen. Die Eizellen gelangen durch das Platzen eines Gonadenorgans in den Magen der Qualle und werden dann durch den Mund an das Wasser abgegeben. Aus den befruchteten Eiern entsteht eine wurmartige Larve, die sich kriechend manchmal jahrelang bewegt und sich durch Knospung vermehren kann. Diese haftet irgendwann, zum Beispiel an einer Pflanze, fest und entwickelt sich zu dem kelchförmigen erwachsenen Tier, das im Sommer geschlechtsreif wird und danach stirbt.

Die Qualle ist weltweit verbreitet und sehr anpassungsfähig. Man findet sie sogar in der Nähe der Unterwasservulkane in der Mitte des Atlantiks in 2700 Metern Tiefe. Eine in Chile durchgeführte Analyse ihres Mageninhalts verriet ihre Nahrung, die hauptsächlich aus Ruderfußkrebsen, Flohkrebsen und Zuckmückenlarven besteht.

Nur der Kopf ragt aus dem Polypenrohr

Die Arten der Ordnung der Kranzquallen (*Coronatae*) leben in der Tiefsee, tausende Kilometer unter der Meeresoberfläche. Sie durchlaufen meistens ein Polypen- und ein Medusenstadium. Doch bei manchen Arten tritt das Medusenstadium nicht auf. Die Polypen leben in einem Rohr aus Chitin, aus dem nur der Kopf herausragt, der bei Gefahr in das Rohr zurückgezogen wird. Die Polypen können bis zu neun Zentimeter lang werden.

Durch Strobilation, also schichtweise horizontale Abschnürung, können sich bei manchen Arten Medusen bilden, die sich im freien Wasser gechlechtlich fortpflanzen. Der Durchmesser des Schirms beträgt bis zu 38 Zentimeter. (Zeichnung unten: Art *Heliobranchia catalaunica*).

Die Medusen haben acht Geschlechtsorgane aus denen sie Spermien und Eizellen ins freie Wasser abgeben. Die befruchteten Eier wandeln sich dann zu Polypen um. Bei der Art *Thecoscyphus zibrowii* tritt eine weitere Variante der Vermehrung auf: Es treten keine Medusen auf, sondern weibliche Polypen, die sich parthenogenetisch fortpflanzen. Es entstehen so nur weibliche Nachfahren, die sich wiederum parthenogenetisch fortpflanzen.

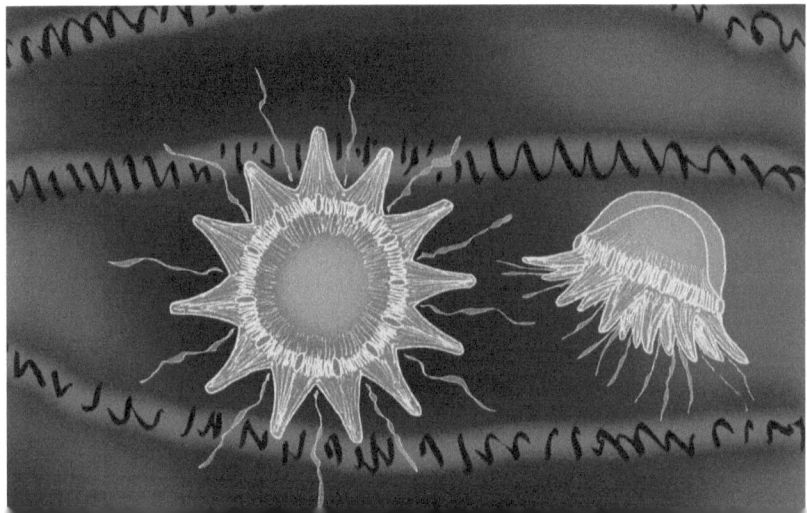

Augen fast so gut wie beim Menschen

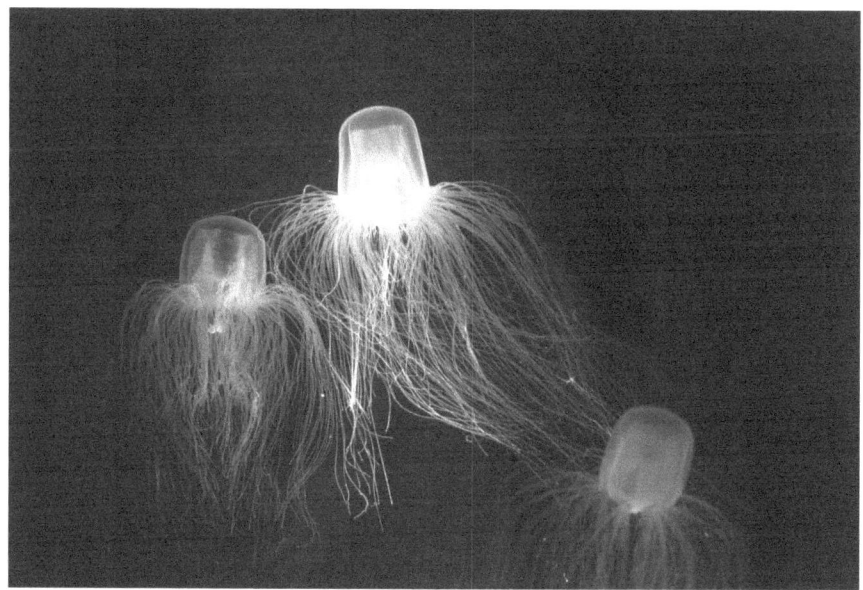

Chironex flexkeri (Seewespe) gehört zu der Klasse der Würfelquallen. Ihr transparenter Schirm hat einen Durchmesser von bis zu 30
Zentimetern. Im Magenraum befinden sich Geschlechtsteile mit der
Form von Hahnenkämmen. Die Tentakel sind in vier Gruppen zu je
15 Stück angeordnet. Sie sind im Ruhezustand bis zu 15 Zentimeter
lang, können aber bei Beutefang eine Länge von bis zu drei Metern
erreichen.

Aus dem Schirm ragen vier armartige Glieder mit je sechs Augen heraus. Die zwei äußeren können nur hell und dunkel unterscheiden,
während die zwei mittleren über hochentwickelte Linsen verfügen.
Diese Linsen sind nur einen Zehntelmillimeter groß.

Sie leben in circa 5 Meter tiefen Gewässern, erreichen gelegentlich aber eine Tiefe von bis zu 40 Metern und orientieren sich größtenteils optisch. Jeden Tag legt die Meduse einige Stunden lange Ruhepausen ein, die man als Schlaf interpretieren kann. Die Nahrung besteht aus jungen Garnelen, Fischen und anderen Medusen mit bis zu 10 Zentimetern Schirmdurchmesser.

Die Giftwirkung ist sehr stark. In Australien starben in den letzten 100 Jahren circa 60 Personen. Der Schmerz gleicht dem eines glühenden Eisens und der Tod, meistens durch Einwirkung auf den Herzmuskel, tritt 20 Minuten nach dem Stich ein. Eine Essiglösung von 4 bis 6 % wirkt als Gegengift gut und sollte zur Badeausrüstung gehören.

Seewespen leben, einschließlich aller Lebensphasen, ein Jahr lang. Die Medusen treten im Sommer auf und erzeugen Spermien und Eizellen, die nach der Befruchtung im Wasser Eier produzieren. Diese wandeln sich zu kriechenden Polypen, die sich asexuell durch Knospung vermehren und sich dann in Medusen verwandeln.

In dem US-amerikanischen Spielfilm »Sieben Leben« aus dem Jahr 2008 verwendet der Hauptprotagonist die Seewespe für seinen Freitod und spendet dann sein Herz. Im deutschen Spielfilm »Kur im Schatten« (2010) aus der Krimiserie »Pfarrer Braun« wird eine Seewespe in eine Badewanne, in der sich das Opfer befindet, geschüttet.

Quallen als Nahrung

In Ost- und Südostasien gehören Quallen (zum Beispiel der Ordnung *Rhizostomae*) zum kulinarischen Alltag seit – soweit man der Überlieferung Glauben schenken kann, 1700 Jahren. Im Jahr 2001 wurden hundertsiebzigtausend Tonnen Quallen von Myanmar, Indonesien, Südkorea, Malaysia, den Philippinen und Thailand aus hauptsächlich nach China exportiert. Japan importierte im Jahr 2001 zehntausend Tonnen.

Die Fangzeit ist kurz. Nur in zwei bis vier Sommermonaten ist der Fang möglich. Die Zubereitung nach dem Fang nimmt drei bis sechs Wochen in Anspruch. Dazu legt man die Quallen, ohne Tentakel und Geschlechtsteile, in eine Lauge aus Salz, Natriumbicarbonat und Alaun. Diese Stoffe absorbieren das Wasser, das am Anfang über 90 Prozent der Qualle ausmacht. Gegessen wird die Qualle zusammen mit Fleisch und Salaten. Das Bild zeigt Quallen mit Sesamöl und Chili. Neuerdings wird sogar Eiscreme aus Quallen in China produziert.

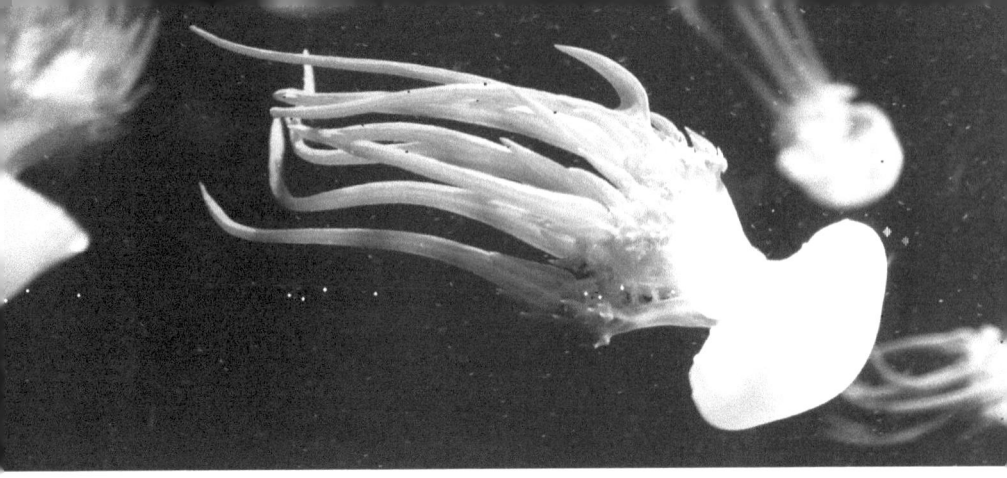

Eine besondere Delikatesse

Rhopilema esculenta ist unter den essbaren Quallen eine besonders beliebte Art (siehe Kapitel »Quallen als Nahrung«) und wird deshalb hier gesondert besprochen.

Ihr Schirmdurchmesser beträgt bis zu 50 cm und ihr Gewicht 30 bis 50 Kilogramm. Die Medusen haben getrennte Geschlechter. Die befruchteten Eier entwickeln sich zu Larven mit zunächst vier Tentakeln. Innerhalb von zwei bis drei Wochen steigt die Tentakelzahl auf 16. Die so entstandenen Larven wachsen innerhalb eines Monats bis zu einem Durchmesser von 5 cm. Nach weiteren zwei bis drei Monaten entstehen daraus die erwachsenen Medusen. Sie ernähren sich von Plankton, Krebsen und Krebslarven.

Man findet sie im Gelben Meer, im Japanischen Meer und im Südchinesischen Meer. Ihr Stich führt zu Fieber, Atembeschwerden, Blutdruckabfall und manchmal zum Tod. In speziellen Behältern in China werden üblicherweise bis zu 500 Millionen Larven gezüchtet, die ins Meer freigelasssen werden, wo aus ihnen essbare Medusen entstehen.

Süßwasserquallen

Im Buchkapitel »Seit 1921 verschollen« wurde von einer vermutlich ausgestorbenen Süßwasserqualle berichtet. Später im Buch wird die Qualle *Hydra* besprochen, die auch im Süßwasser lebt. Hier wenden wir uns der Art *Craspedacusta sowerbii* zu.

Diese Qualle wurde 1880 durch James de Carle Sowerby in einem Seerosenbecken in den *Royal Botanic Gardens* entdeckt. Sie wurde dorthin wahrscheinlich eingeschleppt, vermutlich aus Brasilien oder Ostasien, wo sie nur etwas später als in London gefunden wurde. Heute ist sie weltweit zu finden.

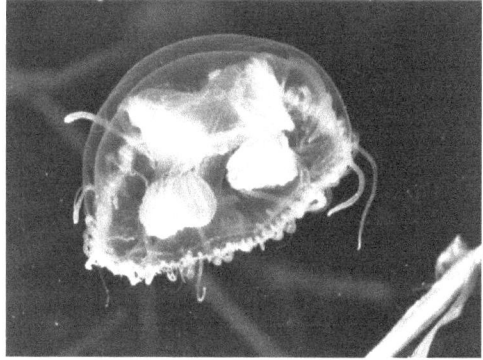

Ihr Schirmdurchmesser beträgt circa 2,5 cm und sie hat über 600 fadenförmige Tentakel. Aus der Magennähe gehen vier armartige Glieder hervor, auf denen je ein Geschlechtsteil sitzt. Die in Europa vorkommenden Arten vermehren sich zunächst nicht sexuell, wobei die Medusen unbefruchtete Eier in das Meer entlassen. Aus diesen entstehen 0,5 bis 3 mm große tentakellose Polypen, die sich ebenfalls asexuell durch Knospung oder Querteilung vermehren und sich dann zu Medusen entwickeln. Bei Arten außerhalb Europas können sich allerdings die Medusen, wie bei anderen Quallen, sexuell vermehren. Durch Vogelkot wurden die daraus entstehenden Polypen nach Europa eingeschleppt und koexistieren jetzt mit den oben beschriebenen Arten.

Die Segelquallen

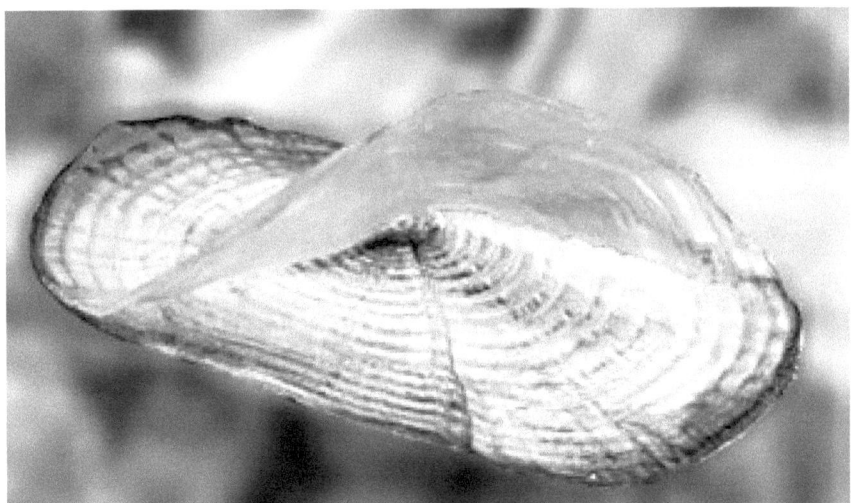

Quallen der Art *Velella velella* bilden vier Zentimeter lange Flöße aus Dutzenden von Tieren. In Deutschland nennt man diese Flöße »Sankt-Peters-Schifflein«. Solch ein Schwarm bildet eine feste Einheit durch zusammenbindendes Chitin. Sie erhalten dadurch eine feste, unsymmetrische Form mit einer durchsichtigen Ausstülpung, die auch in spiegelbildlicher Form vorkommt.

Da die Quallen nicht schwimmen können, werden sie vom Wind transportiert. Zählt man bei Wind die Zahl der einen und die der anderen spiegelbildlichen Formen, so stellt man nur eine Form fest, weil bei einer bestimmten Windrichtung sich nur eine Form bewegen kann. Zählt man bei ruhiger See, so erhält man eine halb-und-halb-Verteilung der Formen.

In der Mitte eine Floßes sitzt ein einziger, riesiger Freßpolyp, der »Sipho« genannt wird. Er ist von einem Ring von Polypen umgeben, die männliche und weibliche Medusen durch Knospung produzieren. Dieser Ring wird wiederum von einem weiteren Ring aus Wehrpolypen mit starken, konzentrierten Nesselzellen umrundet. Die medusenproduzierenden Polypen werden durch ihre Symbiose mit Einzellern mit Nahrung versorgt. Die Medusen haben vier Tentakel mit Nesselzellen. Nachdem sie von den inneren Polypen produziert werden, sinken sie in Tiefen von etwa 100 Metern ab, wo sie laichen. In den daraus hervorgehenden Larven entstehen Öltropfen, die diese nach oben tragen. Nahe der Wasseroberfläche entwickeln sich die Larven dann zu Segelquallen. Diese können gigantische, kilometerlange Schwärme bilden.

Man findet Segelquallen weltweit in tropischen und subtropischen Meeren. Sie ernähren sich von Plankton. Da sie gelegentlich starken Winden ausgesetzt sind, werden sie manchmal an Strände gespült. Sie verlieren dann die tiefblaue Farbe, die sie im Meer haben.

Endlich Frieden: Kleben statt Stechen

Die meisten Tiere der Ordnung *Anthoathecata* – man kennt über 1200 Arten – zeichnen sich dadurch aus, dass sie nicht mit Gift stechen wie andere Quallen, sondern stattdessen ihre Beute oder ihre Feinde mit Klebstoff angreifen. Die Polypen leben meistens in Kolonien. Das Bild zeigt den sogenannten Rastalocken-Hydroid aus der Unterordnung *Aplanulata*.

Eine Ausnahme von der »Friedfertigkeit« der *Anthoathacata* bildet die Art *Millepora alcicornis*, genannt »Elchgeweih Feuerkoralle«. Sie greift außer mit Klebstoff auch mit Gift an. Trotz ihres Namens und ihrer Form muss betont werden, dass es sich hierbei nicht um eine Koralle handelt. Sie ernährt sich von Plankton, doch 75% ihrer Energie stammt von kleinen Algen, die in ihrem Inneren leben.

Im »Geweih« koexistieren mikroskopische Polypen eng nebeneinander; sie sind durch Kanäle zum Zweck des Nahrungsaustausches
und der Stabilität miteinander verbunden. Diese Polypen vermehren sich durch Knospung oder durch die Erzeugung von Spermien
und Eizellen. Zwischen den Ästen der »Feuerkoralle« finden kleine
Garnelen und Fische, die gegenüber dem Gift immun sind, Schutz
vor Predatoren. Das »Geweih« wird 50 cm hoch. Die Qualle lebt in bis
zu 40 Meter tiefem Wasser.

Mund-zu-Mund Fortpflanzung

Die Kanonenkugel-Qualle *Stomolophus meleagris* wird so genannt, weil ihr Schirm die Größe und Form einer Kanonenkugel hat. Rund um die Mundöffnung hat sie ungewöhnlich geformte Glieder mit denen sie schwimmt und Beute fängt. Sie lebt in Symbiose mit einer Spinnenkrabbe, die sich die Beute mit ihr teilt und die Qualle dafür zusätzlich verteidigt. Sie kommt an der amerikanischen Küste von Neuengland bis Brasilien vor. Man berichtet auch von Funden im Südchinesischen und im Japanischen Meer. Ihre Stiche können beim Mensch Arrythmien des Herzens hervorrufen und der Kontakt zum menschlichen Auge erzeugt starke Sehschwierigkeiten und Schwellungen, die aber vorübergehen.

Sie kann sich asexuell durch Knospung der Larven wie auch sexuell vermehren. Im letztgenannten Fall entlässt das Männchen Spermien aus seinem Mund. Diese dringen in den Mund des Weibchens ein. Die entstehenden Eier entwickeln sich in Taschen rund um den Mund. Nach nur drei bis fünf Stunden brauchen sie diesen Schutz nicht mehr und gelangen auf den Meeresboden, wo sie sich zu Larven, dann zu Polypen und später zu Medusen entwickeln.

Die Kanonenkugel-Qualle steht an dritter Stelle des Fischexportes von Georgia, USA. Die Aufbereitung und Verpackung für den Transport ist dort ein wichtiger Industriezweig. Die Quallen werden nach Japan, China und Thailand geliefert.

Die Qualle lebt in Symbiose mit zehn Fischarten und einer Krabbe, die gegen ihr Gift inmun sind. Diese Tiere werden geschützt und besorgen »als Gegenleistung« Nahrung für die Qualle.

Eine Qualle mit Balztanz

Die Würfelquallen bilden eine Klasse mit circa 50 Arten. Darunter befinden sich die Seewespen, die in diesem Buch bereits beschrieben wurden.

Würfelquallen gehören zu den gefährlichsten Quallen. Ein Kind kann durch Berührung mit ihnen innerhalb weniger Minuten sterben. Insgesamt hat ein Exemplar genug Gift, um theoretisch hundert Menschen zu töten. Die Giftspritze wird innerhalb von vier Tausendstel Sekunden mit einem Druck von 150 bar und zwei Metern pro Sekunde in das Opfer geschossen.

Eine besondere Eigenschaft ist die Balz ihrer Medusen. Erst schwimmen Männchen und Weibchen nebeneinander. Dann umhüllt ein Tentakel des Männchens ein Tentakel des Weibchens und die Partner drehen sich zusammen im Kreis. Es folgt die Abgabe von Spermien des Männchens auf ein Tentakel des Weibchens. Dann trennen sich die Partner und das Weibchen führt die Spermien in seinen

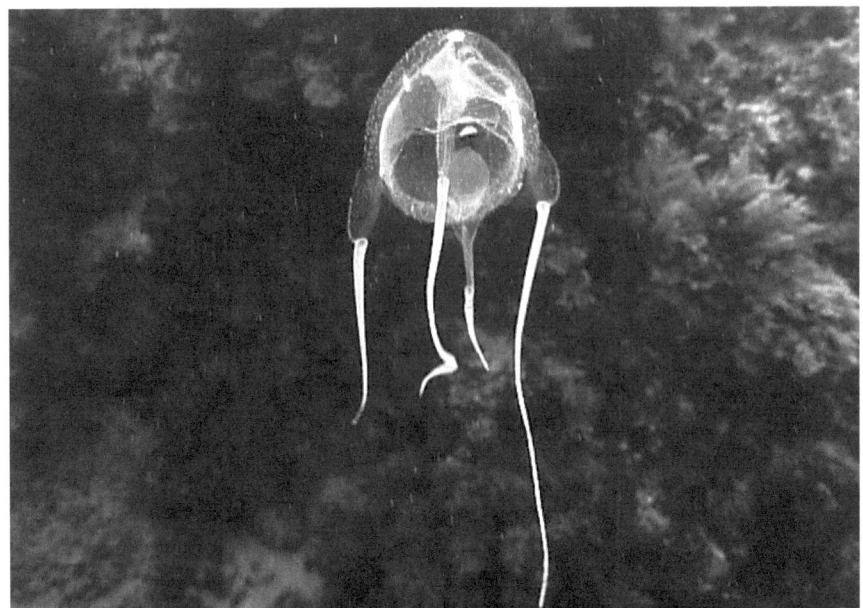

Mund, wo sich Eizellen bilden, die in speziellen Taschen nahe des Mundesinneren gelangen. Zwei bis drei Tage nach der Befruchtung verlassen die Eier das Weibchen und gelangen auf den Meeresboden, wo sie sich zu Polypen entwickeln. Erstaunlich ist der Größenunterschied zwischen Polypen (einige Millimeter) und Medusen (bis zu 30 cm).

Die Polypen wechseln zwischen einer Phase des Kriechens auf der Suche nach Nahrung bzw. einem günstigen Lebensraum und einer Ruhephase mit asexueller Vermehrung durch Knospenbildung. Nach einer Wachstumsphase von einigen Monaten entwickeln sie sich in einer fünf bis sieben Tage dauernden Metamorphose zu einer Meduse.

Man findet Würfelquallen weltweit in tropischen und subtropischen Meeren. Sie ernähren sich von Ruderfußkrebsen, Flohkrebsen, Fischlarven und kleinen Fischen. Die Tentakel haben oft die Form von Rudern, die die Quallen zur Fortbewegung und zum Transport von Nahrung in den Mund benutzen. Die bis zu 24 Augen (siehe Bild) sind gut entwickelt. Zwei von ihnen können sogar Farben sehen. Nur die Fähigkeit zur Fokussierung lässt zu wünschen übrig.

Aufgrund ihres quadratischen Schirms sind Fossilien relativ leicht zu erkennen. Einige wurden in den USA, in Illinois und Utah gefunden. Sie sind über 500 Millionen Jahre alt.

Rippenquallen: Ohne Giftnesseln geht es auch

Obwohl diese Tiere viele Eigenschaften der Quallen besitzen, werden sie neuerdings in einen eigenen Stamm eingeordnet. Stämme sind zum Beispiel: Schwämme, Nesseltiere, Rippenquallen und Fadenwürmer. Man würde sie gerne unter den Nesseltieren einordnen, wie alle anderen Tiere in diesem Buch, aber sie unterscheiden sich von ihnen in einem wichtigen Punkt: Sie haben keine Nesseln. Es gibt allerdings eine Rippenqualle (Gattung *Haeckelia*), die sich fast ausschließlich von Nesseltieren ernährt und die Nesseln nicht verdaut, sondern in ihre Tentakel einbaut. Sie wird sozusagen so zum Nesseltier. Dieser »Diebstahl« hat schon für so manchen Streit betreffend der Klassifizierung der Rippenquallen geführt, zumal die *Anthoathecata* (siehe Kapitel »Endlich Frieden: Kleben statt Stechen«) aus anderen Gründen zu den Nesseltieren gezählt werden und ebenfalls nicht stechen.

Statt Nesseln besitzen die meisten Arten sogenannte »Lassozellen« auf der Außenhaut. Diese wirken mit Hilfe eines Klebekopfes, der die Beute fängt. Ärger machen die Ripppenquallen trotzdem, indem sie die Fischernetze verstopfen, so zum Beipiel die verhasste Qualle namens »Seestachelbeere« *Pleurobrachia pileus* in der Nordsee.

Rippenquallen sind in der Regel farblos, können aber rot sein aufgrund von knallroten symbiotischen Algen in ihrem Inneren. Diese versorgen die Rippenquallen mit Nahrung und erhalten dafür Schutz. Manche Quallen sind nicht nur rot, sondern können auch leuchtend rote Tinte freisetzen, um sich vor Feinden zu verbergen.

Das Innere des Tieres birgt noch weitere Überraschungen. Wenn sie in dunkle Wassertiefen abtauchen, senden sie Licht aus, womit sich gleichartige Quallen erkennen. Erwähnenswert sind auch die »Statolithen«, Ansammlungen von Hunderten von Kalkzellen, die durch Druck an die innere Umgebung dem Tier seine Ausrichtung mitteilen, was beim Schwimmen besonders wichtig ist. Außen haben sie millimetergroße Geißeln, womit sie Rudern und die Richtung ändern können. Rippenquallen sind die größten Vielzeller mit Geißeln am ganzen Körper. Die Geißeln bewegen sich in Wellen und erzeugen bei Beleuchtung Interferenzfarben, die wunderschöne Regenbogenfarben ergeben. Bei der Fortbewegug helfen die Geißeln nur wenig – ihre Wirkung ist oft zu schwach dafür – dafür haben sie aber stärkere äußere Lappen, die sie mit Muskeln bewegen können.

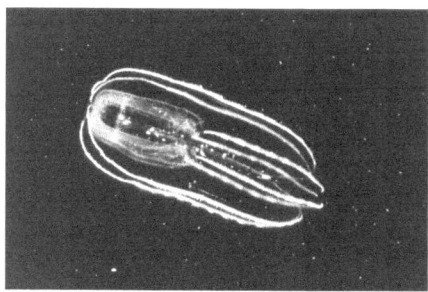

Rippenquallen leben in bis zu drei Kilometern Tiefe. Einige Arten verlassen allerdings den Meeresboden nicht. Sie sind weltweit verbreitet und in der Arktis stellt die Art *Mertensia ovum* die vorherrschende Art des Zooplanktons. Die nordatlantische Art *Mnemiopsis leidyi* wurde in das Mittelmeer eingeschleppt und hat dort den Fischfang, besonders von Sardellen, stark dezimiert. Dies ging sehr schnell, da Rippenquallen bei günstigen Bedingungen innerhalb von 24 Stunden ihr Gewicht verdoppeln können.

Rippenquallen sind Zwitter. Jedes Tier erzeugt Spermien und Eizellen. Diese gelangen nach außen, wo die Befruchtung stattfindet. Eine Art, *Tjalfiella tristoma*, bildet eine Ausnahme: Sie ist lebendgebärend und hat dafür spezielle Bruthöhlen.

Ein Tier mit insgesamt nur 300 Megabyte

Während Nesseltiere als einfache Vielzeller gelten, haben sie doch nie weniger als 500 Megabyte informatische Kapazität, um all ihre Aufgaben zu erledigen. *Hydra viridissima* verfügt nur über 300 Megabyte und gehört somit, informatisch betrachtet, zu den einfachsten Vielzellern unseres Planeten. Man bedenke, dass es kein Smartphone gibt, das über weniger als 32 Gigabyte (32.000 Megabyte) Kapazität verfügt. Die 300 Megabyte der Qualle müssen die Funktionen ihrer bis zu 100.000 Zellen steuern.

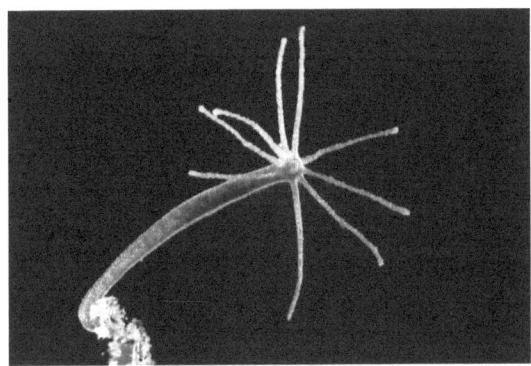

Die erstaunlichste Eigenschaft der *Hydra* ist wohl ihre Regenerationsfähigkeit. Konkret bedeutet dies, dass dann, wenn man ein Stück abschneidet, dieses wieder nachwächst. Diese Eigenschaft ist aber extrem: Belässt man der Qualle nur den Kopf, so wächst der Stiel nach. Belässt man nur den Stiel, so wächst der Rest nach. Zerstückelt man das ganze Tier, so bilden die mittleren Stücke sowohl den Stiel als auch den Kopf neu aus. 1998 erschien ein Artikel des Biologen Daniel Martínez in der Zeitschrift *Experimental Gerontology*, indem er verschiedene Experimente beschrieb, die zeigen, dass die *Hydra* aufgrund ihrer Regenerationsfähigkeit als unsterblich betrachtet werden kann. Solch eine Hypothese hat man noch für andere Quallen, die *Oceaniiden*, aufgestellt. Ihnen wird ein anderes Kapitel in diesem Buch gewidmet.

Beim Thema Unsterblichkeit ist noch zu erwähnen, wie sich die *Hydra* unter günstigen Nahrungsbedingungen vermehrt. Sie bildet zuerst eine Knospe am Stiel. Diese wächst und entwickelt sich zu einer *Hydra*, die sich vom Muttertier löst und dann bis zur normalen Größe heranwächst. Dies kann bei jedem Individuum alle zwei Tage geschehen. Sind die Bedingungen nicht so gut, so dass die *Hydra* relativ abgemagert ist, so bildet sich in zwei verschiedenen Tieren jeweils nur eine Knospe, die einmal Spermien und einmal Eizellen enthält. Diese Vermehrungszellen werden in das Wasser entlassen und eine Befruchtung erzeugt eine Vorstufe der *Hydra*, die dann zu einem erwachsenen Tier heranwächst. Manche Arten, zum Beispiel die *Hydra circumcincta*, sind hermaphrodit, was bedeutet, dass eine einzelne *Hydra* sowohl Spermien als auch Eizellen erzeugen kann.

Beachtenswert ist auch die Fortbewegung dieses Tieres. Zum Einen kann sie »Purzelbäume« schlagen. Dazu krümmt sie ihren Körper, so dass der Mund, normalerweise oben, den Boden erreicht. Dann platziert sie den Stiel in der gewünschten Position. Auf diese Weise bewältigt sie eine Strecke von zehn Zentimetern pro Tag, wobei man bedenken muss, dass sie selber nur etwa einen Zentimeter lang ist. Alternativ bewegt sie sich dadurch fort, dass sie sich minimal vom Boden löst und dann wie eine Amöbe kriecht. Zu erwähnen wäre noch, dass die Haftung am Boden, in welcher Situation auch immer, durch einen Klebstoff gewährleistet ist, den die *Hydra* durch spezielle Drüsen erzeugt.

Zur Ernährung schießt die *Hydra* zuerst giftige, harte Fäden aus den Nesselkapseln, die im Kapitel »Allgemeines über Quallen« beschrieben wurden, umschlingt dann ihre Beute mit dem ganzen Arm und etwa 30 Sekunden danach mit weiteren Armen. Sie kann dabei die Arme bis auf die vier- oder fünffache Länge ihres Körpers ausdehnen. Ist die Beute größer als sie, so kann sie ihren Mund und ihren Körper so weit ausdehnen, dass sie ein Opfer verschlingen kann, das doppelt so groß ist wie sie selbst.

Die *Hydra* lebt mit Algen in einer Symbiose. Diese leben in ihrem Körper und besorgen ihr Nahrung durch Photosynthese. Dafür bietet die *Hydra* den Algen Schutz. Die Außenhaut der *Hydra* ist durch das Antibiotikum *Hydramacin* bedeckt. Dies schützt sowohl die *Hydra* wie auch die Algen.

Fernbediente Killerkugeln

Cassiopea xamachana lebt in warmen Gewässern im Westen des Atlantischen Ozeans, der Karibik und dem Golf von Mexiko meistens in seichten Buchten. Ihr Schirm beträgt bis zu 30 cm im Durchmesser. Auffällig an dieser Art ist, dass sie »umgekehrt« lebt, womit gemeint ist, dass der Schirm oben ist. Die Tentakel ragen dementsprechend auch meistens nach oben. Ebenso auffällig ist, dass diese Qualle keinen Mund hat, sondern kleinere Öffnungen in den Tentakeln, die durch Kanäle mit dem Magen verbunden sind.

Trotzdem braucht die Qualle Einzeller in ihrem Inneren, ohne die sie ihren Nahrungsbedarf nicht voll decken könnte. Diese Einzeller betreiben Photosynthese und können mit Hilfe des Sonnenlichtes Kohlenhydrate erzeugen. Die Einzeller haben verschiedene Farben, meistens Blaugrün oder Blaugrau, wodurch die sonst durchsichtige Qualle in diesen Farben erscheint.

Die Polypen pflanzen sich ungeschlechtlich durch Knospung fort, während die Medusen Eizellen und Spermien in das Wasser entlassen, wo die Befruchtung stattfindet. Aus den befruchteten Eiern entstehen Larven, die sich fest am Boden ansiedeln. Danach folgen Metamorphosen mit Strobilation, das heißt mit Abspaltung von oberen Schichten, die zu Medusen werden. Unverstanden ist allerdings, warum sich die Medusen in kälteren und Larven in wärmeren Jahreszeiten bilden, während der Vorgang bei anderen Quallen umgekehrt verläuft.

Eine weitere Eigenart dieser Qualle ist, dass sie millimetergroße Körper erzeugt, die aus Schleim und Nesselkapseln bestehen. Diese Körper haben 60 bis 100 Geißeln und schwimmen um die Qualle herum, sowohl zur Verteidigung wie auch zur Nahrungsbeschaffung.

Nachtaktive Quallen

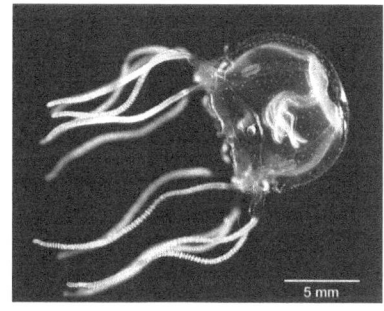

5 mm

Copula sivickisi wurde nach ihrem Ent-
decker, dem litauischen Zoologen
Franciskus Baltrus Sivickisi benannt.
Häufig wird ein Alternativname dieser Qualle mitgenannt: *Carybdea sivickisi*. Sie hat 24 Augen rund um die Mundöffnung herum. Sie ist durchsichtig, doch man sieht ihre acht Geschlechtsteile, die orange bei den Männchen und mattweiß bei den Weibchen sind.

Diese Tiere sind trotzdem extrem schwer zu beobachten. Sie sind nur in der Nacht aktiv und messen maximal 1 cm im Durchmesser. Tagsüber liegen sie am Boden, meistens unter einer Koralle, ziehen ihre vier Tentakel ein und flachen sich wie Baumblätter ab. Nachts schwimmen sie in Richtung der Meeresoberfläche, wo sie leicht leuchtende Einzeller der Art *Noctiluca scintillans* finden und fressen. Manchmal essen sie aber auch winzige Fischlarven und Ruderfuß-krebse (1 bis 2 mm große Krebsarten).

Mit Geschick findet man sie im Indischen Ozean westlich von Suma-tra und im Pazifischen Ozean bei Japan, Taiwan, bei den Philippinen, vor Vietnam, Thailand, Nordaustralien, Neuseeland, Mikronesien und Hawaii.

Das Tier gehört zu den Würfelquallen und führt als solches einen Balztanz aus, der in diesem Buch im Kapitel »Eine Qualle mit Balz-tanz« schon beschrieben wurde. Anzumerken ist noch, dass die Weibchen dieser Art mit mehreren Männchen hintereinander bis zu acht Mal innerhalb von zwei Stunden diesen Tanz durchführen, wo-bei es meistens zu Befruchtungen kommt.

Quallen fressen Quallen

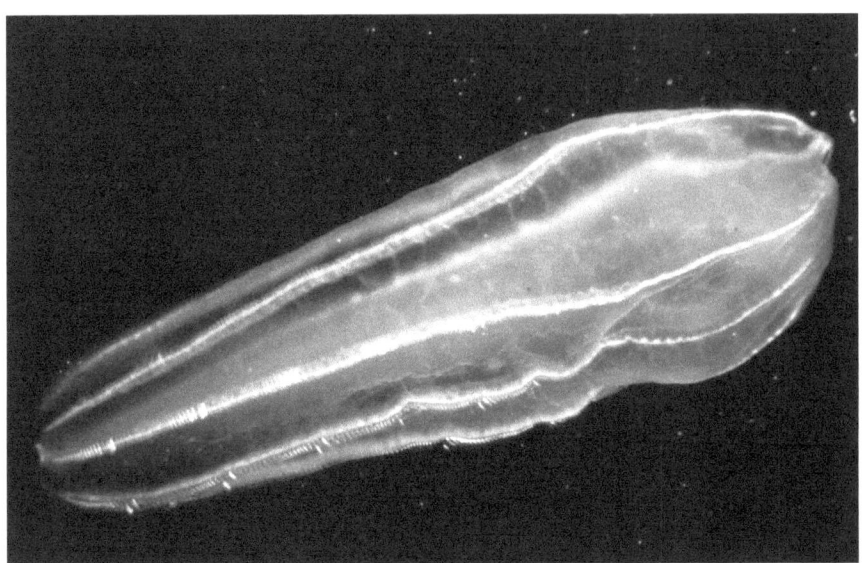

Berroe cucumis (hier im Bild) wurde 1780 von dem Missionar und Zoologen Otto Fabricius in der Nordsee entdeckt. Man findet dieses Tier auch in anderen nordatlantischen Gewässern und erstaunlicherweise auch im Mittelmeer.

Es hat einen transparenten, sackartigen Körper mit einer Maximallänge von 15 cm. Statt mit Tentakeln, bewegt es sich mit Hilfe von Geißeln, die drei Viertel des Körpers bedecken. Auf ihnen erzeugt das Sonnenlicht einen bunten, schillernden Effekt. Sonst ist der Körper rosafarben und leuchtet nachts.

Diese Art frisst kleine Fische und Krustentiere, kann aber auch ganze Quallen verschlingen. Dies kam einer ökologischen Aktion im Schwarzen Meer zugute. Um 1980 wurde die Quallenart *Mnemiopsis leidyi* dort eingeschleppt und verdrängte große Fische aufgrund von massiver Platz- und Nahrungskonkurrenz. Die Plage dehnte sich bald in das Kaspische und in das Baltische Meer aus. Da man wusste, dass *Berroe cucumis* die lästige Quallenart frisst, hat man sie dort eingeführt und festgestellt, dass die Fischer nach einigen Jahren wieder aufatmen konnten: die Plage wurde durch die Hilfe von *Berroe* eingedämmt.

Die Seestachelbeerqualle: Verhasst in der Nordsee

Pleurobrachia pileus, genannt »Seestachelbeerqualle«, sorgt für Ärger in der Nordsee. Sie ist dort eingedrungen und hat die dortige Fischfauna stark verändert. Dies geschah dadurch, dass sie in Nahrungskonkurrenz mit großen Fischen trat und diese so verdrängte. Als wäre dies nicht genug, verstopft sie die Fischernetze und erdrückt die Fische im Netz. Der wirtschaftliche Schaden ist enorm.

Sie gehört zu den Rippenquallen und kann bis zu 3 cm groß werden. Ihre Gestalt ist ei- oder kugelförmig und sie hat acht rippenartige Gebilde, die das ganze Tier durchziehen. Mit ihren zwei Tentakeln und auch direkt mit ihrem Mund fängt sie hauptsächlich Ruderfußkrebse, die 1 bis 2 mm lang sind. Die Tentakel kann sie bis zu 75 cm weit ausstrecken und auch stark kürzen. Zur Fortbewegung nutzt sie die Geißeln, die sich auf ihrer Oberfläche befinden. Entdeckt wurde sie 1776 durch den dänischen Zoologen Otto Friedrich Müller.

Sie zeigt eine extreme Toleranz gegenüber Salzgehalt und Temperatur des Wassers, wodurch sie weltweit anzutreffen ist.

Das Bild zeigt ein gestrandetes Exemplar. Die Tentakel sind hier nicht sichtbar, da die Qualle sie extrem stark gekürzt hat.

Bekämpfung von Quallenplagen mit Quallen

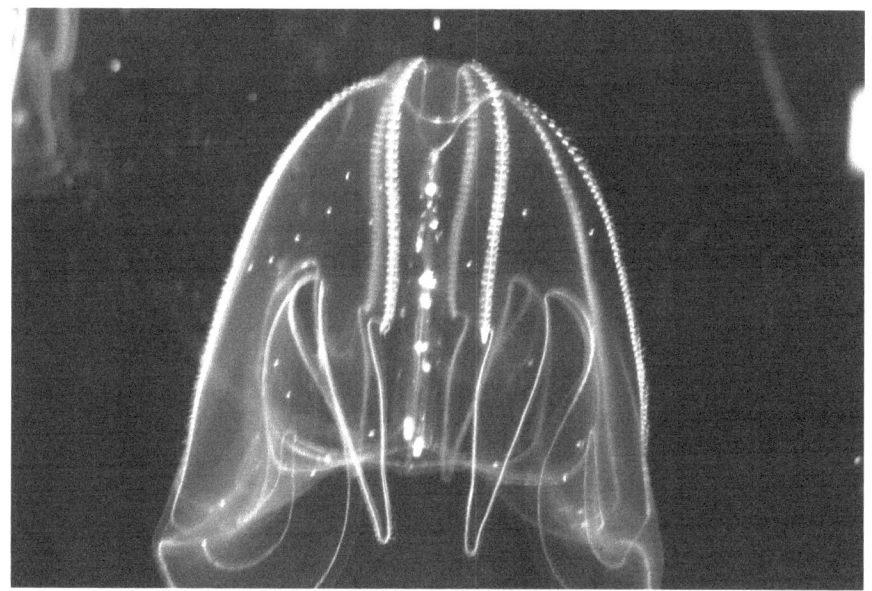

Bolinopsis infundibulum wurde zusammen mit der Seestachelbeer-qualle 1776 von dem dänischen Zoologen Otto Friedrich Müller ent-deckt.

Sie ist gurkenförmig und durchsichtig, wird 15 cm lang und hat zwei Tentakel. Ihre Bewegung wird durch Geißeln auf ihrer Oberfläche unterstützt. In der Nähe des Mundes hat sie Ausstülpungen mit Gei-ßeln, durch die sie Strömungen erzeugen kann, die Nahrung in ihren Mund treiben. Ihr Leben bei Dunkelheit wird durch die Erzeugung von Licht unterstützt. Dies ist wichtig, denn sie lebt teilweise in 1000 Meter Tiefe, wo sehr wenig Licht ankommt.

Man findet sie im Nordatlantik zwischen der Arktis im Norden, dem Mittelmeer im Osten und der Küste von Maine, USA, im Westen. Auch im Pazifischen Ozean wurde sie beobachtet und zwar von Kalifornien im Süden aus bis hin zum Beringmeer im Norden.

Große Schwärme treten vor Norwegen von April bis August und vor Schottland von April bis Juni auf. Es erscheinen dort bis zu 250 Exemplare pro Quadratmeter. Danach nimmt die Population rapide ab, da dann die Bedingungen für eine andere Qualle, *Berroe cucumis*, günstig sind, welche die *Bolinopsis* frisst. Im Kapitel »Bekämpfung von Quallenplagen mit Quallen« wurde beschrieben, wie *Berroe* das Schwarze Meer von einer Qualleninvasion befreit hat.

Quallen als wirtschaftliche Verbrecher

1982 wurden erstmals Exemplare der Rippenqualle *Mnemiopsis lei-dyi*, »Meerwalnuss« genannt, im Schwarzen Meer gesichtet (hier im Bild). Sie wurden vermutlich durch Frachtschiffe eingeschleppt. Bald fielen die Erträge der Sardellen-Fischerei auf ein Zehntel dessen, was vor dem Eindringen der Quallen erzielt werden konnte. 1989 gab es im Schwarzen Meer 300 solche fremden Quallen pro Kubikmeter Wasser. Diese konkurrierten offensichtlich mit den Sardellen um Platz und Nahrung und letztere wurden dadurch stark dezimiert. Erst die Einführung von Quallen der Gattung *Berroe*, die die Übeltäter fraßen, rettete die Situation, wie oben im Kapitel »Bekämpfung von Quallenplagen mit Quallen« beschrieben wurde.

Doch *Mnemiopsis leidy* gab nicht auf und verlagerte sich ins Kaspische Meer, wo die Art ebenfalls mit Quallen bekämpft wurde. Vor kurzem fand man 92 Exemplare pro Kubikmeter in der Ostsee. Der Kampf geht daher weiter, dieses Mal unter der Leitung des Leibniz-Institutes für Meereswissenschaften in Kiel.

Mnemiopsis leidy ist durchsichtig, doch meistens etwas milchig getrübt. Die Körperlänge beträgt bis zu 11 cm. Die Tentakel befinden sich in zwei Taschen und werden im Notfall ausgepackt. Etwa ein Viertel des Körpers besteht aus armartigen Ausstülpungen, die Nahrung in den Mund schaufeln: Ruderfußkrebse und Fischeier oder Fischlarven.

Geißeln sorgen für die Fortbewegung des Tieres. Durch Lichtbrechung erscheinen diese farbig schillernd. Ansonsten erzeugen die Quallen Licht, um sich bei Dunkelheit zurechtzufinden. Man hat nachgewiesen, dass die Qualle das lichterzeugende Protein selbst erzeugt und nicht, wie man früher annahm, mit der Nahrung aufnimmt. Das ist eine verblüffende biochemische Leistung dieses Tieres.

Das »Gefühl des nahenden Todes«

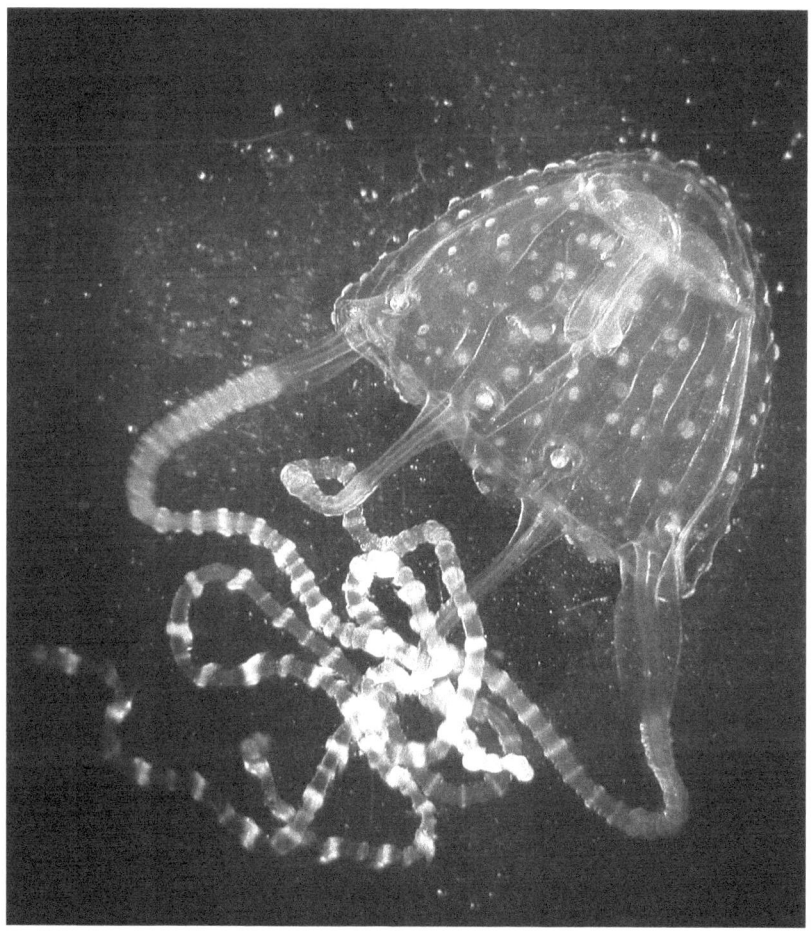

Die Würfelqualle *Carukia barnesi* kommt in australischen Küstenge-wässern, hauptsächlich vor *Queensland* und vor dem *Northern Terri-tory*, vor. Sie wurde 1961 von dem Arzt Jack Barnes entdeckt, daher der Name.

Die Entdeckung basiert auf einer Erfahrung von Hugo Flecker, der beim Baden vor der australischen Küste keinen Stich wahrnahm, wie es sonst bei Stichen von Quallen immer der Fall ist. Erst nach einer halben Stunde traten die typischen Symptome auf: extrem starke Schmerzen im Rücken, in der Brust und im Bauch und eine psychische Reaktion, die man, auch in späteren Berichten, als »Gefühl des nahenden Todes« beschrieben hat. Diese Reaktion nennt man *Irukandji*-Syndrom, wobei *Irukandji* die Bezeichnung der Aborigines für diesen Anfall ist. Die Schmerzen lassen auch ohne Behandlung nach einiger Zeit nach.

Beachtenswert ist, dass man die Qualle normalerweise im Wasser nicht sieht: Sie ist nur 1 bis 2,5 cm im Durchmesser groß und durchsichtig. Die Tentakel sind ebenfalls durchsichtig. Aus diesem Grund wurde nach langem Rätseln erst Jahre später die Qualle von Jack Barnes gefunden. In einem Selbstversuch zeigte er, dass es sich bei dieser Qualle um den Erreger des rätselhaften Syndroms handelt. Es gelang allerdings nicht, die Qualle im Labor zu züchten, so dass man bis heute ihren Lebenszyklus nicht kennt und nicht genügend Gift erhalten konnte, um es chemisch zu analysieren und ein Gegengift zu synthetisieren.

Soweit man es im Labor bisher beobachten konnte, ernährt sich diese Qualle von kleinen Fischen und Garnelen. Sie lockt Fische auf eine sonst ungewöhnliche Art an: Sie erzeugt ruckartige Bewegungen der Tentakel, so dass der Eindruck entsteht, dass es sich hier um ein Lebewesen handelt, vielleicht einen Wurm, den kleine Fische fressen können.

Meisterhaftes Schwimmen und Senkrechtstart

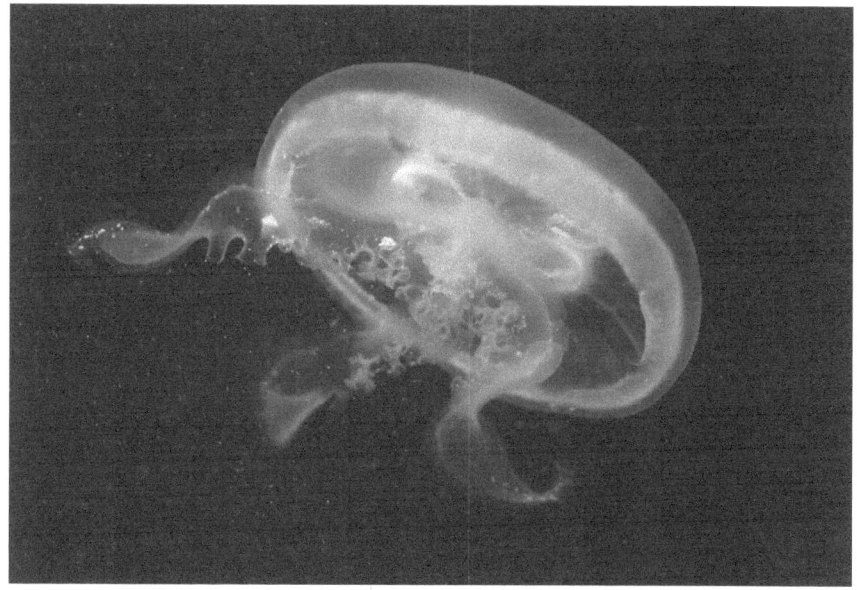

Aurelia labiata findet man im Nordpazifik vor der Westküste Kaliforniens bis hin zur Ostküste Japans. Oft bildet sie zusammen mit ihren nahen Verwandten der Art *Aurelia aurita*, der Ohrenqualle, gemeinsame Schwärme.

Der Durchmesser des Schirmes erreicht 45 cm und man erkennt sie leicht durch ihre 16 nach innen gerichteten Höhlungen. Ihr größter Feind ist die Seeschildkröte, die ihrem Gift gegenüber immun ist.

Etwas Besonderes an diesem Tier ist seine Schwimm-Effizienz, sowohl horizontal zum Zweck der Flucht, Jagd und Überwindung von Turbulenzen, wie auch vertikal, um sich von zu niedrigem Salzgehalt und anderen Widrigkeiten fernzuhalten.

Krebse im Magen fressen Schädlinge auf

Chrysaora colorata findet man an der Küste Kaliforniens von der Bodega Bay bis hin nach San Diego. Ihr Schirmdurchmesser erreicht 70 cm und sie besitzt rund 15 rosafarbene Streifen, die vom Schirmmittelpunkt hin zum Rand verlaufen. Diese Streifen werden durch zackenartige Zeichen, die kronenförmig angeordnet sind, unterbrochen (Siehe Bild rechts). Junge Tiere sind im ganzen Schirm rosafarben und haben braune Tentakel. Während sie älter werden, wird die Farbe der Tentakel heller und die Farbe Rosa tritt im Schirm nur noch in den Streifen auf.

Sie hat acht Tentakel im äußeren Bereich und noch einmal vier weiter innen, in der Nähe der Mundöffnung. Die äußeren Tentakel benutzt sie zur Verteidigung und zum Fang schnell schwimmender Beutetiere. Die Inneren setzt sie ein, wenn die Beute stillsteht. Sie frisst hauptsächlich Ruderfußkrebse, andere Quallen und Fischeier. Gefressen wird sie oft von Seeschildkröten, die ihren biochemischen Bedarf an Stickstoff und Kohlenstoff durch diese Quallen besser decken können als durch andere Nahrung.

Das Erstaunlichste an diesen Tieren spielt sich aber in ihrem Inneren ab. Dort leben kleine Krebse der Gattung *Cancer*, die wiederum noch kleinere, parasitäre Tiere wie zum Beispiel Flohkrebse fressen. Andere Quallenarten müssen mangels der Existenz solcher Krebse derartige Parasiten als Mitesser mitschleppen.

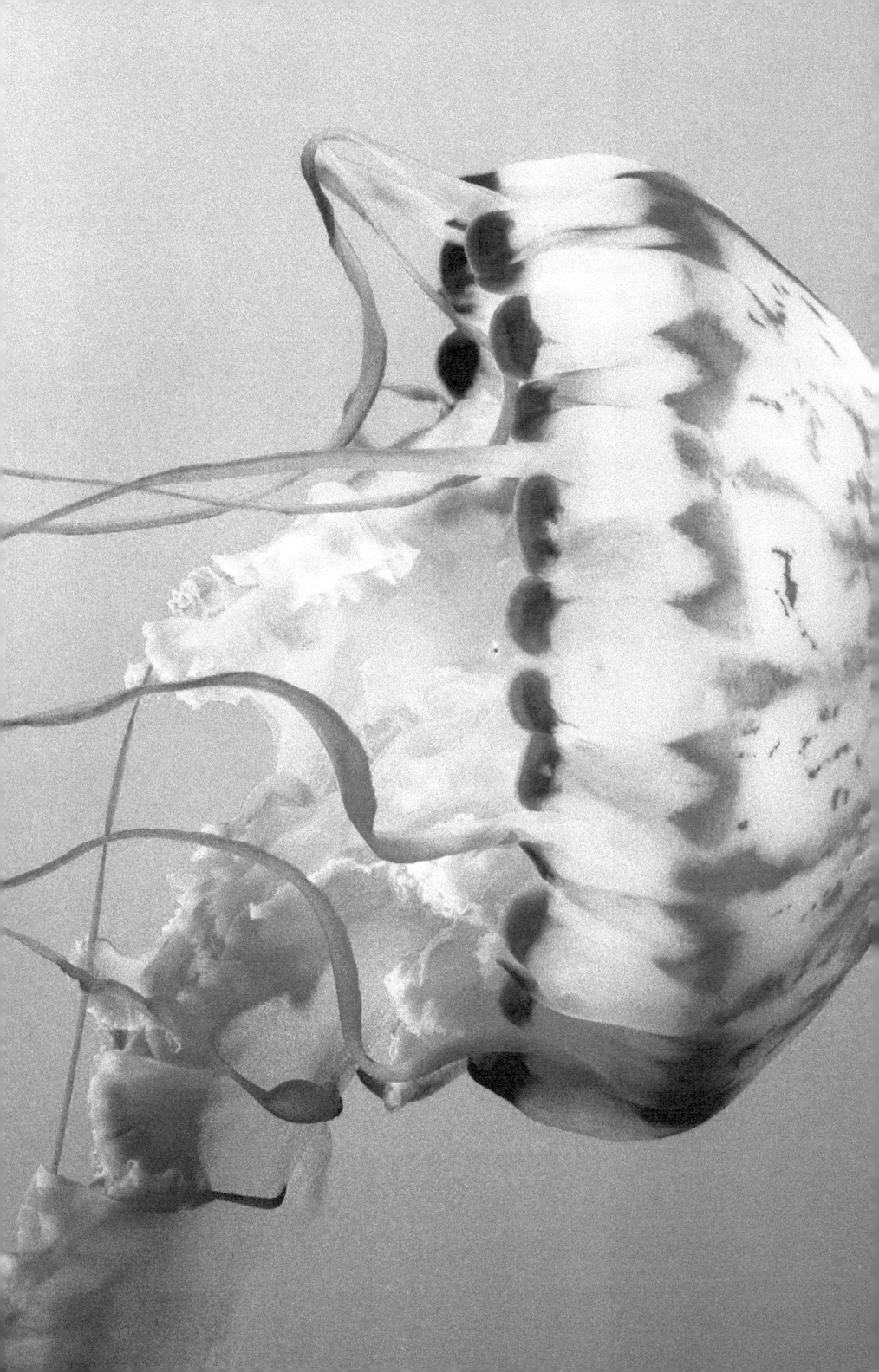

Perfekt würfelförmiger Kopf

Unter den Würfelquallen zeichnet sich *Carybdea marsupialis* durch einen geometrisch besonders eckigen Schirm aus. Sie wurde erstmals von Carl von Linné im Jahr 1758 beschrieben.

Der »Würfel«, der den Schirm bildet, erreicht 40 mm Höhe und 30 mm Breite. Nahe jeder der vier unteren Ecken entspringen Tentakel, die einen Meter lang werden können.

Sie lebt in seichten Gewässern und kann sich mit einer Geschwindigkeit von 3 bis 6 Metern pro Minute fortbewegen. Wie andere Quallenarten auch, besitzt sie hochentwickelte Linsenaugen. Mit ihrer Hilfe kann sie sich orientieren und Hindernisse erkennen (Siehe auch die Kapitel »Nachtaktive Quallen«, »Augen fast so gut wie beim Menschen«, »Eine Qualle mit Balztanz«, »Effiziente Augenlinsen«, »Ein Auge an jedem Tentakel«).

Ihr Gift hat gewebezerstörende Eigenschaften, allerdings nur oberflächlich. Meistens genügt es, nach einem Stich die betroffene Stelle mit verdünntem Weinessig zu behandeln und zu kühlen.

Das Bild zeigt die Qualle von unten. Die oberen Einstülpungen bilden die Mundöffnung. Die untere Einstülpung führt nicht nach innen.

Neuerdings exklusiv in Neuengland

Lange Zeit dachte man, dass die Art *Chrysaora quinquecirrha* weltweit zu finden ist, insbesondere an den Küsten des Atlantiks. Erst im Jahr 2017 konnte man definitiv klären, dass die Tiere, die an der Küste Neuenglands gefunden wurden, einer anderen Art als derjenigen, sehr ähnlichen Art, die anderswo gesichtet wurde, angehören. Man hatte die Quallen nicht genau untersucht.

Ihr Schirm erreicht einen Durchmesser von 40 cm. Mehrere Tentakel rund um die Mundöffnung sorgen für Nahrung und Verteidigung. Das Tier durchläuft den meistens vorkommenden Zyklus zwischen Medusen, die sich geschlechtlich fortpflanzen, und Polypen mit ungeschlechtlicher Fortpflanzung.

Der Schirm ist nahezu durchsichtig und kann mattweiße Tupfen oder rotbraune Streifen haben. Sie frisst kleine Krebse, Sardelleneier, Würmer und Mückenlarven. Gefressen wird sie von Seeschildkröten und größeren Quallen. Ihr Stich hat, soweit bekannt, noch nie einen Menschen getötet und wird nach zwanzig Minuten nicht mehr wahrgenommen. Bei der Jagd setzt sie, außer Stichen mit Gift, auch Klebstoffe ein.

Brutpflege

Die Qualle *Chrysaora fuscescens* findet man an den Küsten des östlichen Pazifischen Ozeans von Kanada bis Mexiko. Sie ist sehr bekannt, weil man sie gut in öffentlichen Aquarien halten kann und sie beeindruckend leuchtende Farben hat (Siehe Bild rechte Seite).

Am eindruckvollsten ist jedoch ihre Fortpflanzung. Das Weibchen der Meduse hält vor der Befruchtung ihre Eizellen in den Armen rund um die Mundöffnung. Diese werden dann von frei schwimmenden freischwimmenden Spermien befruchtet. Danach hält sie die so entstandenen Eier einige weitere Tage in den Armen, bis diese zu Polypen geworden sind – das ist echte Brutpflege! Erst dann verlassen die Polypen das Weibchen und setzen sich an einer harten Fläche fest. Dort können sie durch Knospung weitere Polypen erzeugen, die per Metamorphose zu Medusen werden.

Der Schirm der Meduse ist goldbraun, versehen mit einem rötlichen Schimmer und kann eine Größe von bis zu einem Meter im Durchmesser erreichen, wobei der Durschnitt bei 50 cm liegt. Sie hat 24 braune Tentakel, die eine Länge von ca. fünf Metern erreichen können. Zur Fortbewegung stößt sie Wasser mit dem Schirm ab, wodurch ein Schub nach vorn entsteht. Dabei finden sich oft »Mitfahrer«, etwa kleine Fische oder Krebse, die es irgendwie schaffen, in das Innere der Qualle zu gelangen und die sich obendrein dort gelegentlich kulinarisch bedienen, indem sie die Qualle anknabbern.

Die Tentakel hängen normalerweise herab und werden zur Jagd oder Verteidigung ausgestreckt. Anders als bei vielen anderen Quallen schwimmt diese Art nicht zur Nahrungssuche, sondern wartet an einem günstigen Ort auf Nahrung. Die Verdauung beginnt in den Armen rund um den Mund und wird danach im Magen fortgeführt. Sie frisst meistens Wasserschnecken, kleine Fische sowie ihre Larven und andere Quallen. Gefressen wird diese Qualle, trotz ihres Giftes, von Vögeln und großen Fischen.

Die erste Beschreibung dieses Tieres stammt von Johann Friedrich von Brandt aus dem Jahr 1835. Benannt wurde sie nach *Chrysaor*, einem Sohn von Poseidon und Medusa, dessen Name »der mit der goldenen Rüstung« bedeutet. *Fuscescens* ist Latein für »leuchtend«. Die Qualle besitzt tatsächlich Leuchtorgane, die ihr die Orientierung im Dunkeln tiefer Gewässer ermöglichen.

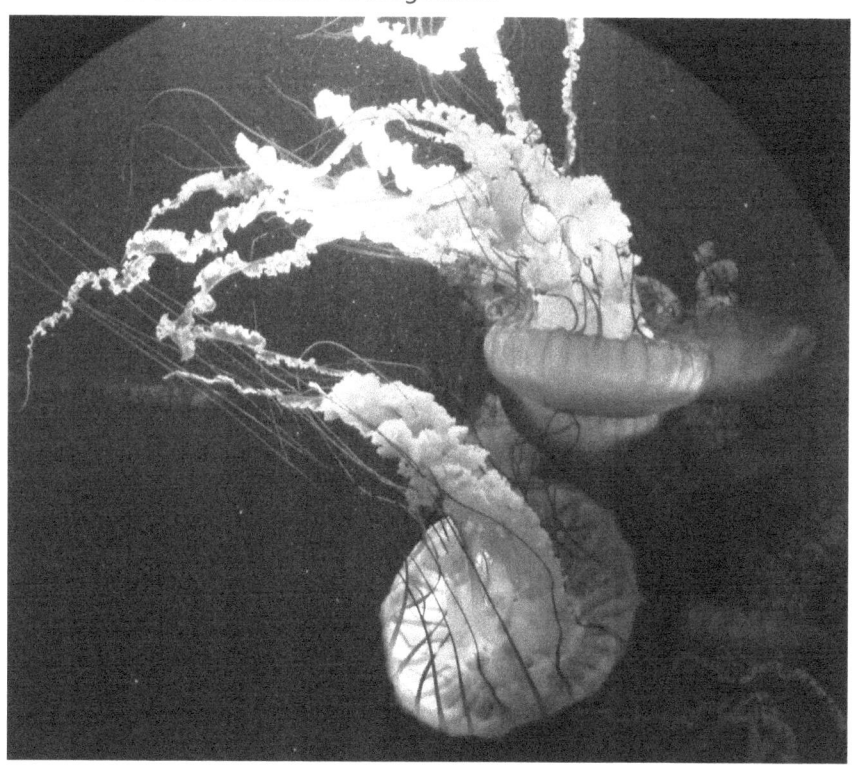

Neuerdings ist ein ernsthaftes Problem entstanden. Die Tiere leb-
ten früher aufgrund der dortigen niedrigeren Temperatur nicht in
Oregon. Durch den Klimawandel sind sie nun dort erschienen und
bereiten den Fischern Kopfschmerzen, weil sie mit den Fischen kon-
kurrieren und sie somit verdrängen und außerdem auch die Netze
durch ihr hohes Gewicht beschädigen. Ähnliche Prozesse sind weltweit zu beobachten. Siehe dazu zum Beispiel die Buchkapitel »Allgemeines über Quallen«, »Immer mehr Milliarden Quallen rund um
Japan«, »Rippenquallen: Ohne Giftnessel geht es nicht«, »Bekämpfung von Quallenplagen mit Quallen«, »Die Seestachelbeerqualle:
Verhasst in der Nordsee«.

Ist es eine Art oder zwei, drei, vier oder fünf?

Die Qualle *Mastigias papua* kommt in Lagunen oder Inselseen im Pazifik vor, und zwar in der riesigen Region, die durch den Inselstaat Palau (westlich der Philippinen), durch Indonesien, Papua-Neuguinea, durch die Philippinen und durch Japan begrenzt ist. Tauchsportinteressierte und die Medien haben das allgemeine Interesse an diesem Tier geweckt.

Als sie von Alfred Goldsborough Mayer im Jahre 1910 erstmals beschrieben wurde, ahnte man nicht, dass es ein Jahrhundert später zum Streit kommen würde, ob es sich bei dieser Qualle um eine einzige Art oder um mehrere Arten handelt. Es gab natürliche Variationen, wie sie bei fast allen Lebewesen vorkommen. Nach genaueren morphologischen, verhaltensbiologischen und molekularbiologischen Untersuchungen kam jedoch Zweifel an der Eindeutigkeit der Art auf. Man spricht nun von fünf Varianten, die man als Arten oder Unterarten einzuordnen versucht. Im Folgenden werden die Eigenschaften dieser Varianten genannt, wobei die Angaben natürlich Variationen innerhalb einer Art sein könnten. Die riesigen Entfernungen zwischen den Fundorten und die Isolation der einzelnen Fundorte spricht aber für die Existenz verschiedener Arten.

1. Schirm bis 18 cm Durchmesser. Leben in 4 Meter Tiefe. Weiße Flecken am Schirm, Braunfärbung durch innere Einzeller. Die Tentakel sind an ihren Spitzen blau gefärbt.
2. Schirm bis 15 cm. Leben in 0 bis 7 m Tiefe. Brauner Schirm bei kleinen Medusen mit blauen und bei größeren Medusen mit gelben Flecken.
3. Schirm bis 23 cm. Leben in 0 bis 13 m Tiefe. Brauner Schirm, selten mit verschiedenartigen Flecken durchsetzt.
4. Schirm bis 20 cm. Leben in 0 bis 9 m Tiefe. Die durch Einzeller verursachte braune Farbe wird mit einer blauen Pigmentierung vermischt.
5. Schirm bis 12 cm. Leben in 0 bis 16 m Tiefe. Keine Flecken auf dem Schirm und keine blaue Pigmentierung.

Soweit die Fakten: Nun müssen die Taxonomen entscheiden.

Krebse huckepack

Phacellophora camtschatica hat einen gelben, runden Fleck auf dem Schirm und wird manchmal Spiegeleiqualle genannt. Die Art hat aber nichts mit *Cotylorhiza tuberculata* zu tun, die auch einen solchen Fleck hat und nicht nur im gewöhnlichen Sprachgebrauch, sondern sogar in Textbüchern ebenfalls Spiegeleiqualle genannt wird.

Ihr Durchmesser erreicht 60 cm und sie hat 16 Bündel von Tentakeln, mit je einigen Dutzend von bis zu 6 Metern langen Tentakeln. Sie ernährt sich von anderen Quallen, insbesondere der Arten *Aurelia aurita*, *Aurelia labiata*, *Aequorea victoria* und *Pleurobrachia bachei*. Diese Quallen fängt sie, indem sie sie zuerst mit Schleim umhüllt und dann Stück für Stück mit ihren Tentakeln in ihre Mundöffnung transportiert. Innerhalb ihres Körpers wird die Nahrung mit Hilfe von Geißeln in alle inneren Bereiche verteilt.

Auf dem Schirm siedeln sich Krebslarven der Art *Cancer gracilis* und Flohkrebse an. Diese schleichen sich in alle Körperbe-

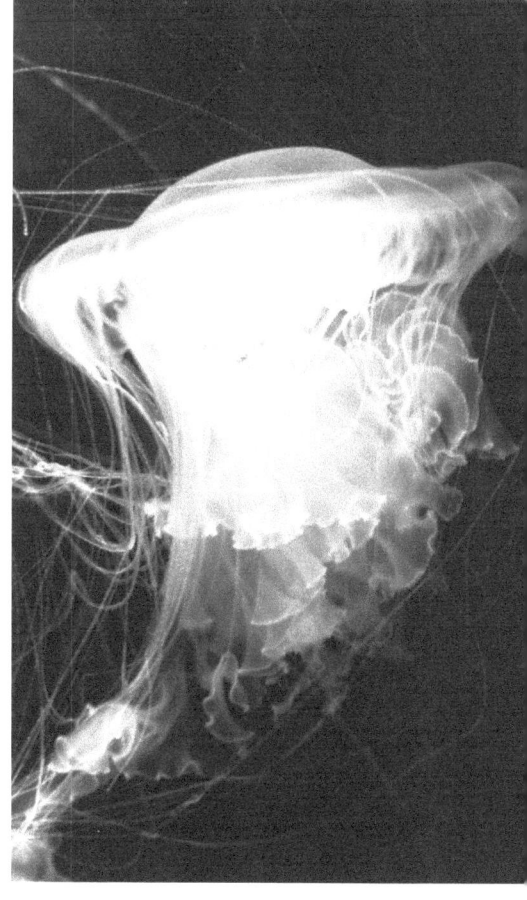

reiche ein und stehlen dabei sowohl Nahrung wie auch die photosynthetischen Einzeller, die mit der Qualle in Symbiose leben. Dadurch machen die Eindringlinge die gestohlenen Symbionten zu ihren eigenen. Nachdem die Krebslarven erwachsen geworden sind, fressen sie auch Teile ihres Wirtstieres und führen so irgendwann den Tod der Quallen herbei.

Diese Quallenart kann in tiefe, sauerstoffarme Regionen abtauchen, wofür sie Geißeln einsetzt, um ihre Muskelkraft zu unterstützen. In diesen Regionen hat sie wenig Nahrungskonkurrenz, wobei sie auch die Tatsache nutzt, dass sie mit weniger Sauerstoff als andere Quallen über einige Stunden hinweg auskommt.

Sie lebt hauptsächlich an den Küsten des Japanischen und des Ochotskischen Meeres. Die Medusen pflanzen sich geschlechtlich fort. Nach der Befruchtung im freien Wasser entstehen Larven, die sich mit Hilfe von Geißeln fortbewegen. Nach 3 bis 5 Tagen siedeln sie sich auf einem harten Boden an und bilden Polypen, die erst 2, dann 4, dann 8 und dann 16 Tentakel ausbilden. Diese werden später zu den 16 Tentakelbüscheln der Meduse. Die Polypen pflanzen sich fort, indem sie sich oben in horizontalen Schichten abspalten (Strobilation). Aus diesen Schichten entstehen Medusen, die nach circa 9 Monaten sexuell reif sind und sich sexuell, wie oben beschrieben, fortpflanzen.

Quallen im Kino

Quallen haben die dramaturgisch nützliche Eigenschaft sowohl als möglich wie auch als unmöglich, sowohl als irdisch wie auch als außerirdisch zu wirken. Würde man sie noch mehr verzerren als sie es schon sind, so wären sie näher an dem Unglaubwürdig-phantastischen. Wären sie menschenähnlicher, so würden sie als phantasielos gelten – als »kostümierte« Menschen. Ihr Aussehen liegt irgendwo in der Mitte dieser zwei Kognitions-Extreme. Deshalb hat man die quallenähnlichen Gestalten häufig in Science-Fiction Filmen verwendet.

Ein bekanntes Beispiel ist die Verfilmung im Jahre 2005 von »Krieg der Welten« von H.G. Wells durch Steven Spielberg. Ein weiteres Beispiel ist »*Arrival*« , von Denis Villeneuve, entstanden im Jahre 2016.

Im Zeichentrickfilm »Finding Nemo«, verlieren sich die Fische Marlin und Dory in einem Quallenwald. Im Film »*Jellyfish* – Vom Meer getragen«, eine israelisch-französisch Produktion aus dem Jahre 2007, sind die Quallen (*jellyfish*) drei Frauen und die Handlung ist nur metaphorisch in Verbindung mit dem Filmtitel zu verstehen. Dieser Film gewann die Goldene Kamera in Cannes.

Quallen in der bildenden Kunst

Der deutsche Naturwissenschaftler Ernst Haeckel (1834–1919) hat sich bis heute einen Namen für seine exakten Zeichnung von Lebewesen gemacht. Es folgen einige seiner Darstellungen von Quallen in verschiedenen Lebensstadien:

 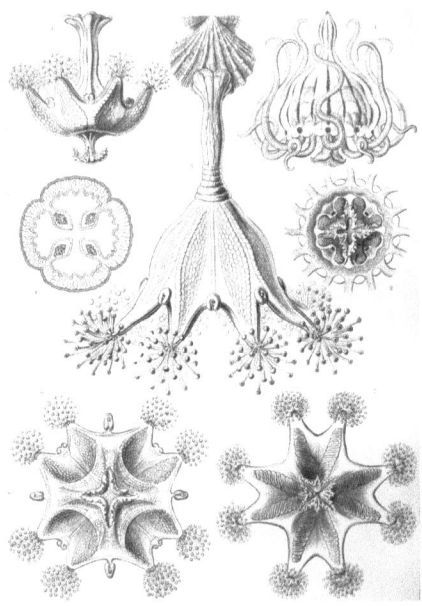

Prinz Albert von Monaco war so beeindruckt von den Darstellungen Haeckels, dass er einen Kronleuchter von dem Künstler Constant Roux auf der Basis dieser Zeichnungen machen ließ. Eine große Anzahl von Künstler sind ebenfalls inspiriert worden, Ojekte, insbesonders Lampen, mit Quallen-Muster zu erstellen: Dale Chihuly, Cork Marcheschi, Ranin Orouk, Daniela Forti, Helen Dyne, Marcio Rusconi Clerici, Dorit Schubert, Richard Satava, Christopher Lowry, Alanna Howe, Alexander Hespe, Marzio Rusconi, Timothy Horn und Michael Surkin.

Auch in der Mode haben die Quallen-Motive Einzug gehalten. Besonders profiliert haben sich die Mode-Designer Pierpaolo Piccioni, Reiko Sudo und Alexander McQueen. Sie benutzen Formen und Farben von Quallen in Hüten, Perücken und Kleidern.

Deckenleuchte von Timothy Horn im *Hawke Building* der *University of South Australia*, inspiriert von einer Qualle der Gattung *Discomedusae*.

Ewiges Leben?

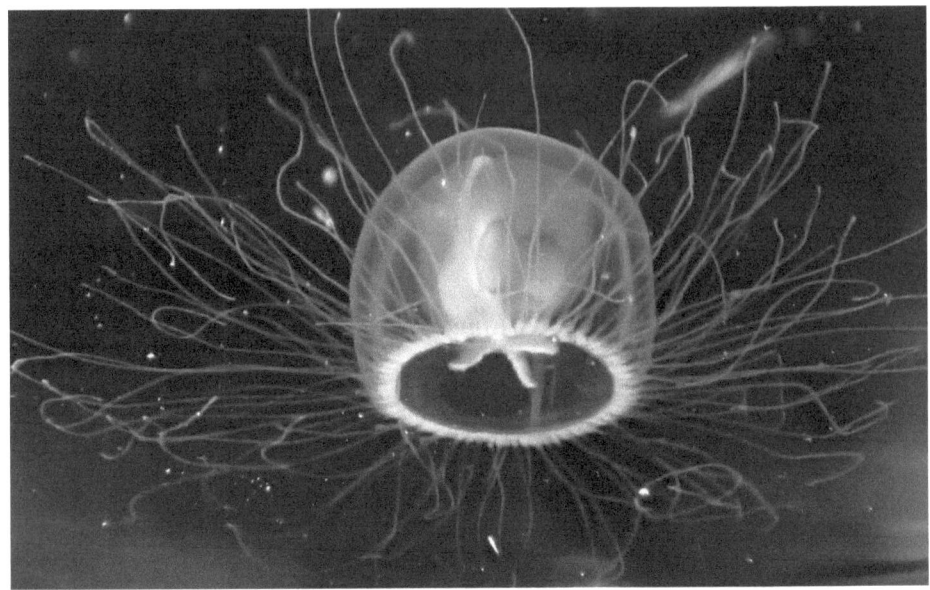

Quallen der Gattung *Turritopsis* (siehe Bild oben) haben Aufmerksamkeit in der Öffentlichkeit erregt, weil sie anscheinend »ewig leben«. Was hat man beobachtet? Normalerweise würde die Meduse sich geschlechtlich vermehren und nach der Eiablage sterben. Die Eier würden sich dann zu Polypen entwickeln und diese würden Medusen erzeugen.

Bei *Turritopsis* ist es anders: Die Medusen sterben nicht bevor der Lebenszyklus weitergeht: Sie kehren in ihren Polypenzustand zurück. Ihre Zellen bleiben dabei immer Stammzellen. Professor Shin Kubota von der Universität Kyoto hat im US-Fernsehen dafür gesorgt, dass Diskussionen über die wissenschaftliche und religiöse Tragweite dieses Phänomens geführt werden.

Werden uns die Quallen besiegen?

Diese Frage klingt dumm, hat aber einen ernsten Hintergrund. Im Kapitel »Bekämpfung von Quallenplagen mit Quallen« wurde geschildert, wie die Qualle *Mnemiopsis leidyi* im Schwarzen Meer die Fischerei eine Zeitlang lahm legte, bis man eine andere Qualle, nämlich *Berroe cucumis*, einführte, welche die erstgenannte fraß. Doch danach beobachtete man Quallenvermehrungen im Kaspischen Meer und in der Nordsee.

Auch wenn man andere Quallen findet, die die Übeltäter fressen, so werden theoretisch auch diese irgendwann die Herrschaft überbenehmen. Das Problem dabei ist, dass die Quallen zu 90 % aus Wasser bestehen und dabei den anderen Fischen Lebensraum wegnehmen. Dies geht so lange, bis die Quallen genug übrig lassen, um nicht zu verhungern. Da aber ihre physiologische Masse relativ gering ist, kommen sie mit wenig Nahrung aus. Diese Masse besteht aus einer Haut, die nur circa 10 % der Qualle ausmacht, rund um den aus Wasser und Schleim bestehenden Körper. Nach und nach könnten so Biotope von Quallen vollgestopft werden. Jeremy Jackson, Direktor des *Scripps Center for Marine Biology* in San Diego, Kalifornien, spricht vom »Aufstand des Schleims« in seinem Buch »*Stung! On Jellyfish Blooms and the Future of the Ocean*« (»Gestochen! Über das Blühen der Quallen und die Zukunft des Ozeans«) und legt einen sehr pessimistischen Bericht vor.

Alex Rogers von der Universität Oxford spricht in einem Bericht der IPSO (*International Programme on the State of the Ocean*) von drei Bedrohungen, die sozusagen um die Wette laufen: der Klimawandel, die Verschmutzung der Meere und die Quallen. Wie werden diese drei Schicksalsschläge sich gegenseitig beeinflussen und welcher muss mit höchster Priorität bekämpft werden? Sicher ist nur, dass durch noch nicht verstandene ökologische Zusammenhänge, die Quallenplagen, die es früher ja nicht gab, durch die anderen zwei von Rogers genannten Faktoren verstärkt worden sind. Doch es gibt eine gute Nachricht: Kilian Quigley vom *Environmental Institute of Sydney* fand heraus, dass Quallen Mikroplastik in ihrer Nahrung nicht vertragen und zugrunde gehen. Sollen wir also wieder viele Plastiktüten ins Meer werfen?

Nun eine schlechte Nachricht: So lange Fischerei noch möglich ist, verstopfen die Quallen die Fischernetze. Aber es geschieht schlimmeres: Die Schleimmasse der Quallen belegt nach und nach Rohre und Anlagen in Häfen, was sich sehr schwer durch die bekannten Reinigungsmethoden entfernen lässt und letztendlich die Anlagen verstopft. In Manila geht immer wieder nachts das Licht in der ganzen Stadt aus, weil die Kühlanlage des am Meer liegenden Kraftwerks verstopft wird. Im Jahre 2006 wurde der nuklear angetriebene Flugzeugträger *Ronald Reagan* durch Verstopfung mit Quallen völlig lahmgelegt. Dies konnte letztendlich durch harte Arbeit behoben werden. Lachsfarmen in Schottland und Chile wurden völlig zerstört.

Der Tourismus brach an mehreren Stränden Australien, besonders in *Queensland*, zusammen, da die Stiche der Quallen das Baden verhindern. Man vermutet, dass der giftigste Meeresbewohner unseres Planeten die Qualle *Chironex fleckeri* ist. Sie taucht an Stränden des Südostens des Pazifischen Ozeans und des Indischen Ozeans auf. In den letzten hundert Jahren führten circa 60 ihrer Stiche zum Tode.

Quallen halten Einzug in der Lyrik

Marianne Moore wurde 1887 in Missouri geboren und starb 1972 in New York. 1909 schloss sie ein Studium der Biologie ab. Als sie 24 Jahre alt war erschien ihr erstes Buch »Poems«, das ohne ihr Wissen von befreundeten Schriftstellern veröffentlicht wurde. Sie arbeitete als Herausgeberin der Zeitschrift »*The Dial*« in New York. 1952 erhielt sie den Pulitzer-Preis und 1962 den National Book Award.

A Jelly-Fish

Visible, invisible,
A fluctuating charm,
An amber-colored amethyst

Inhabits it; your arm
Approaches, and
It opens and
It closes;
You have meant
To chatch it,
And it shrivels;

Ein Gelantine-Fisch
(Übersetzt vom Buchautor)

Sichtbar, unsichtbar
Ein schwankender Charme,
Bernsteinfarbener Amethyst

Bewohnt er, dein Arm
Kommt näher, und
Er öffnet sich und
Er schließt sich:
Du hast gemeint
Ihn zu fangen
Und er schrumpft;

You abandon
Your intent –
It opens, and it
Closes and you
Reach for it –
The blue
Surrounding it
Grows cloudy, and
It floats away
From you.

Du gibst
Deine Absicht auf –
Er öffnet sich und er
Schließt sich und du
Greifst nach ihm –
Das Blaue
Um ihn herum
Wächst trüb, und
Er schwebt weg
Von dir.

Pablo Neruda wurde 1904 in Parral, Chile, geboren und starb 1973 in Santiago de Chile. Er studierte Französisch und Pädagogik an der Universidad de Chile. 1927 trat er in den diplomatischen Dienst ein. Dieser führte ihn nach Rangun, Colombo, Singapur, Djakarta, Buenos Aires und Madrid. Er setzte sich vehement gegen den Faschismus in seinem Heimatland und in Spanien ein. 1971 erhielt er den Nobelpreis für Literatur.

Sonette der Liebe — XIV
(Deutsch von Josef Maria Mayer)

Ich nehme mir Zeit, um dein Haar zu feiern.
Eins nach dem anderen, ich zähle sie und lobe sie:
Andere Liebhaber wollen mit bestimmten Augen leben,
Ich will einfach nur ein Friseur sein.

In Italien wurdest Du Medusa getauft
Durch das hohe Licht und deine krausen Haare.
Ich nenne dich meine verheddarte Chascona:
Mein Herz kennt die Türe deiner Haare.

Wenn du deinen Weg verlierst durch das eigene Haar,
Vergiss mich nicht, dich daran zu erinnern, dass ich dich liebe,
Lass mich nicht ohne deine Haare verloren gehen!

Die Schattenwelt aller Straßen,
Sie hat nur Schatten, vorübergehende Schmerzen,
Bis die Sonne den Turm der Haare erklimmt.

LITERATUR

Vorwort

Erives und B. Fritzsch, »A screen for gene paralogies delineating evolutionary branching order of early metazoa«, G3 (Bethesta) Band 19, 811–826 (2020)
Peter Ax, Multicellular animals: »A new approach to the phylogenetic order in nature«, Springer Verlag 54-55 (2012)

Der Mythos der Medusa

»Die schönsten Sagen des klassischen Altertums«, Bertelsmann-Verlag (1890)

Pflanze oder Tier?

Berwald, Juli, »Spineless«, Riverhead Books, New York

Allgemeines über Quallen

Cnidaria
Juli Berwald, »Spineless: The Science of Jellyfish«, Riverhead Books (2018)
Louise Spilsbury, »Jellyfish«, Heinemann (2010)
Sabine Holst: »Ursprünglich und faszinierend: Quallen an Nord- und Ostseeküste.« Biologie in unserer Zeit 41(4), S. 240–247 (2011)
Elizabeth Gowell, »Jellies. Jewels of the Sea«, Bunker Hill Publishing (2004)
Paul Lassenius Kramp, »Synopsis of the Medusae of the World«, University Press, Cambridge (1961), online
J. Bouillon et al., »An Introduction to Hydrozoa«, Memoires du Museum d'Histoire Naturelle 194, 1-591 (2006)
H.E Gruner et al., »Urania Tierreich, Wirbellose 1«, Urania Verlag (1993)

Nickend aber schwach

Corymorpha nutans
D. Marymegan et al., »The phylum Cnidaria«, in: Zootaxa 127-182 (2007)
R.N. Gibson und Nargaret Barnes, »Oceanography and Marine Biology: An Annual Review. In: »Oceanography and Marine Biology«, Band 38, Taylor and Francis, London (2000)

Auf dem Kopf stehende Qualle

Cassiopea andromeda

D.K. Hofmann et al., »Checkpoints in the life-cycle of Cassiopea spp: control of metagenesis and metamorphosis«, International Journal of Developmental Biology 40, 331-338 (1996)

Wolfgang Niggl und Christian Wild, »Spatial distribution of the upside-down jellyfish Cassiopea sp. Within fringing coral reef environments oft he Northern Red Sea«, Helgoland Marine Research 64, 281-287 (2010)

In 7000 Meter Tiefe: Die Kronenqualle

Periphylla periphylla

G. Jarms et al., »Developmen and Biology of Periphylla Periphylla, Marine Biology 141, 647-657 (2002)

Fest vor Kanada verankert: Die Stielqualle

Mannania handi

R.J. Larson und D.G. Faulin, »Stauromedusae of the genus ‚Manania‘, including descriptions of the new specid ‚Mananai gwilliani‘ and ‚Manania handi«, Canadian Journal of Zoology 57, 1543–1549 (1989)

Hannah E. Westlake und Louise R. Page, »Muscle and nerve organization of stalked jellyfish (Mudusozoa, Staurozoa)« Journal of Morphology 278, 29-49 (2017)

Rekordschwimmer in der Arktis

Aglantha digitalis

J. Bouillon et al., »An Introduction to Hydrozoa«, Memoires du Museum d'Histoire Naturelle 194, 1-591 (2006)

Paul Lassenius Kramp, »Synopsis of the Medusae of the World«, University Press, Cambridge (1961), online

Büsche von Federn

Aglaophenia pluma

N.A.H. Millard, »Monograph of the hydroids of Southern Africa«, Annals of the South African Museum 68, 1-513

Ein Auge an jedem Tentakel

Bougainvillia superciliaris

J. Bouillon et al., »An Introduction to Hydrozoa«, Memoires du Museum d'Histoire Naturelle 194, 1-591 (2006)

D. Marymegan et al., »The phylum Cnidaria«, in: Zootaxa 127-182 (2007)

Federn im Indischen Ozean

Gattya humilis

N.A.H. Millard, »Monograph of the hydroids of Southern Africa«, Annals oft he South African Museum 68, 1-513

J. Bouillon et al., »An Introduction to Hydrozoa«, Memoires du Museum d'Histoire Naturelle 194, 1-591 (2006)

Die Fingerhutqualle

Linuche aquila

B.E.K. Guevara et al., »Seabather's eruption caused by the thimble jellyfish (Linuche aquila) in the Philippines«, Clinical and Experimental Dermatology 42, 808-810

Marymegan, Daly et al., »The phylum Cnidaria« in: Zootaxa 127-182 (2007)

Eine steife und eine biegsame Form

Halecium

Nicole Gravier-Bonnet, »Polymorphism of hydroids: the extnsible polyp of Halecium halecinum, Journal of the Marine Biological Association of the United Kingdom 88. 1731–1736

R.N. Gibson und Nargaret Barnes, »Oceanography and Marine Biology: An Annual Review. In: »Oceanography and Marine Biology«, Band 38, Taylor and Francis, London (2000)

Die historisch erste Begegnung mit Quallen in der Tiefsee

Livernaria janetae

A.G. Collins und M. Daly, »A new Deepwater Species of Stauromedusae, Lucernaria Janetae«, The biological Bulletin 208, 221-230

Richard A. Luiz et al., »A deep-sea hydrothermal vent community domonated by Stauromedusae«, Deep-Sea Research Part II: Tropical Studies in Oceanography 45, 329

Seit 1921 verschollen

Craspedacusta iseana

Cheryl Lewis, »On the Ocurrence of freshwater jellyfish in Japan«, Proceedings of the Biological Society of Washington 125, 165-179 (2012)

Lieber pirschen als auf Beute warten

Solmissus

R.N. Gibson und Nargaret Barnes, »Oceanography and Marine Biology: An Annual Review. In: »Oceanography and Marine Biology«, Band 38, Taylor and Francis, London (2000)

Die gefürchtete Amakusa-Feuerqualle

Sanderia malayensis

Goette,«Verzeichnis der Medusen«, Sitzungsberichte der Königlich Preussischen Akademie der Wissenschaft zu Berlin 9, 831-837 (1886)

John A. Williamson et al., «Venomous and Poisonous Marine Animals: A Medical and Biological handbook, UNSW Press, S. 231

Thomas Leung et al., »Proteomic Anamysis of the Venom of Jellyfishes Rhopilema esculentum and Sanderia malayensis«, Marine Drugs 18, 655

Ein Mund in jedem Arm

Catostylus mosaicus

Catostylus mosaicus, »World Register of Marine Animals« (2014), online

R.N. Gibson und Nargaret Barnes, »Oceanography and Marine Biology: An Annual Review. In: »Oceanography and Marine Biology«, Band 38, Taylor and Francis, London (2000)

Millionen Euro Verluste durch den Suez Kanal

Rhopilema nomadica

Andrea Ghermandi et al., »Jellyfish outbreak impact on recreation in the Mediterranean Sea«, Ecosystem Services 11, 140-147

Bella Gallil, »The enlargement of the Suez Canal – Erythrean introductions and management challenges«, Managament of Biogical Invasions 8, 141-152

Nobelpreis für die Entdeckung eines Quallenproteins

Aequorea victoria
J.M. Kendall und M.N. Badminton, »Arquorea victoria bioluminescence moves into exciting new era«, Trends in Biotechnology 16, 216-224 (1998)
Osamu Shimomura, »Discovery of green fluorescent protein«, Wily Verlag (2996)

Das zweitlängste Tier der Welt: Eine Qualle

Praya dubia
Claire Nouvian, »The Deep«, University of Chicago Press (2007)
Medusa-Biology. Online Dictionary (2018)

Gigantischer Teppich auf der Meeresoberfläche

Chondrophoren
L. Ellis et al., »A Chondrophore Coelenterate from the Borden Formation« of Kentucky, Journal of Paleontology 60m 1025-1028
Norman Meinkoch, »The Audubon Field Guide to North American Seashore Creatures«, National Audubon Society, New York (1981)

Ein wahrlich unsterbliches Tier

Oceaniidae
M. Bergbauer und B. Humberg, »Was lebt im Mittelmeer?« Kosmos-Verlag (1999)
Peter Schuchert, in: »World Hydrozoa Database« (2012), online
M.P. Miglietta et al., »Species oft he genus Turritopis: A molecular evaluation«. Jornal of Evolutionary Research 45, 11-19 (2007)

Alle Koloniemitglieder durch Röhren verbunden

Solanderiidae
H.E Gruner et al., »Urania Tierreich, Wirbellose 1«, Urania Verlag (1993)

Stapel von Platten

Milleporidae
J. Bouillon et al., »An Introduction to Hydrozoa«, Memoires du Museum d'Histoire Naturelle 194, 1-591 (2006)
Paul Lassenius Kramp, »Synopsis of the Medusae of the World«, University Press, Cambridge (1961), online

Große Beute wird vor dem Essen verdaut

Rhizostoma octopus

H.E Gruner et al., »Urania Tierreich, Wirbellose 1«, Urania Verlag (1993)

D. Marymegan et al., »The phylum Cnidaria«, in: Zootaxa 127-182 (2007)

Sehr selten Sex

Limnomedusae

D. Marymegan et al., »The phylum Cnidaria«, in: Zootaxa, (2007) 127-182

J. Bouillon et al., »An Introduction to Hydrozoa«, Memoires du Museum d'Histoire Naturelle 194, 1-591 (2006)

Ein Staat von Quallen

Siphonophorae

Paul Lassenius Kramp, »Synopsis of the Medusae of the World«, University Press, Cambridge (1961), online

Gelbes, grünes oder violettes Meer

Semaeostomeae

H. Gruner et al., Urania Tierreich, Wirbellose 1, Urania Verlag (1993)

Ein fallendes Netz

Cyanea lamarckii

R.N. Gibson und Nargaret Barnes, »Oceanography and Marine Biology: An Annual Review. In: Oceanography and Marine Biology, Bamd 38, Taylor and Francis, London (2000)

Paul Lassenius Kramp, »Synopsis of the Medusae of the World«, University Press, Cambridge (1961), online

Quallen als Parasiten von Quallen

Narcomedusae

H. Gruner et al., Urania Tierreich, Wirbellose 1, Urania Verlag (1993)

Paul Lassenius Kramp, »Synopsis of the Medusae of the World«, University Press, Cambridge (1961), online

Muskelprotze

Trachymedusae

H.E Gruner et al., »Urania Tierreich, Wirbellose 1«, Urania Verlag (1993)

J. Bouillon et al., »An Introduction to Hydrozoa«, Memoires du Museum d'Histoire Naturelle 194, 1-591 (2006)

»Die Löwenmähne ist Schuld« sagt Sherlock Holmes

Cyanea capillata

R.N. Gibson und Nargaret Barnes, »Oceanography and Marine Biology: An Annual Review. In: Oceanography and Marine Biology, Band 38, Taylor and Francis, London (2000)

H. Gruner et al., Urania Tierreich, Wirbellose 1, Urania Verlag

Ein Hospiz für Fische

Cotylorhyza tuberculata

M. Bergbauer zubd B. Humberg, »Was lebt im Mittelmeer?« Kosmos-Verlag (1999)

H. Gruner et al., Urania Tierreich, Wirbellose 1, Urania Verlag (1993)

Effiziente Augenlinsen

Aurelia aurita

Rainer a, »Biologie in Zhlen«, Spektrum Verlag (2002)

Paul Lassenius Kramp, »Synopsis of the Medusae oft he World«, University Press, Cambridge (1961), online

Erbrechen nach Berührung

Pelagia noctiluca

Pierre Tandent, »Meeresbiologie. Eine Einführung«, Georg Thieme Verlag (2005)

R.N. Gibson und Nargaret Barnes, »Oceanography and Marine Biology: An Annual Review. In: Oceanography and Marine Biology, Band 38, Taylor and Francis, London (2000)

Milliarden von Quallen rund um Japan

Stomolophus nomirai

Paul Lassenius Kramp, »Synopsis of the Medusae oft he World«, University Press, Cambridge (1961), online

Nur gefilterte Nahrung

Rhizostoma octopus

H. Gruner et al., Urania Tierreich, Wirbellose 1, Urania Verlag

Paul Lassenius Kramp, »Synopsis of the Medusae oft he World«, University Press, Cambridge (1961), online

Invasion in Mexiko

Phyllorhiza punctata

H. Gruner et al., Urania Tierreich, Wirbellose 1, Urania Verlag (1993)

Paul Lassenius Kramp, »Synopsis of the Medusae oft he World«, University Press, Cambridge (1961), online

Zuerst männlich, dann zwittrig, dann weiblich

Chrysaora hysoscella

M. Bergbauer zubd B. Humberg, »Was lebt im Mittelmeer?« Kosmos-Verlag (1999)

Atypische Körperform: Eine »Monster-Qualle«

Rhopilema virrilli

Dale R. Calder, »Laboratory observations on the liefe hsitory of Rhopilema verril-li«, Marine Biology 21,109-114 (1973), online

Ein Magen halb so groß wie der ganze Körper

Aequorea forskalea

Paul Lassenius Kramp, »Synopsis of the Medusae oft he World«, University Press, Cambridge (1961), online

Christopher D. Todd, »Coastal marine zooplankton«, University Press, Cambridge (2006), online

Die »Quallenblüte«: Ein schwimmender Teppich aus Millionen Quallen

Rhizostoma pulmo

M. Lilley et al., »Distribution extent if inter- annual variability and diet of the bloom-forming jellyfish Rhizostoma in European waters«, Journal of the Marine Biological Association of the United Kingdom 89 (2009) 39-48

Regina Rauch-Krain, »Das steckt dahinter: Rätselhafte Quallenblüte«, 27. April (2021), online

Die Stiche können psychiatrische Folgen haben

Gonionemus vertens

C. Bakker, »On the distribution of Gonionemis vertens« Hydrobiological Bulletin 14, 186-195 (1980)

J. Houghton, »Gonionemus vertens«, Invasive Species Compendiumm 14. Juni (2010), online

Unfähig zu schwimmen

Stauromedusae

Antonio C. Marques et al., Cladistic analysis of Medusozoa and cnidarian evolution«, Invertegrate Biology 123, 23-42 (200$)

Caroliba J. Zagal, »Diet of the stauromedusa Haliclystus auricula from southern Chile«, Journal of the Marone Association of the UK 84, 337-340 (2004)

Nur der Kopf ragt aus dem Polypenrohr

Coronatae

H.E Gruner et al., »Urania Tierreich, Wirbellose 1«, Urania Verlag (1993)

R.N. Hughes, »A functional biology of clomnal animals« Chapman and Hall, London (1989)

Augen fast so gut wie beim Menschen

Chironex fleckeri

D. Marymegan et al., »The phylum Snidaria« in: Zootaxa, (2007) 127-182

R. F. Hartwick, »Distributional ecology and behaviour of the early life stages of the box jellyfish Chironex fleckeri«, Hydrobiologia, 216/217, 181-188 (1991)

Quallen als Nahrung

Rhizostomae et al.

Makoto Omori und Eiji Nakano, »Jellyfish Fisheries in South East Asia«, Hydrobiologia 19-26 (2001)

C.Y.W. Ang et al., »Asian Foods: Science and Technology«, Taylor & Fracis, S. 262 ff

Eine besondere Delikatesse
Rhopilema esculenta
A. Kylie, »Jellyfisch Blooms«, Springer, S. 114 (2009)
M. Avian et al., »Jellyfish in the Eastern Mediterranean«, Journal of Morphology 224, 221-231 (1995)

Süßwasserquallen
Craspedacusta sowerbii
Herbert W. Ludwig et al,«Tiere und Pflanzen unserer Gewässer«, BLV Verlag (2003)
M. Ludwig et al., Neue Tiere und Pflanzen in heimischer Natur« (2000)

Die Segelquallen
Velella velella
M. Bergbauer, »Was lebt im Mittelmer?«, Kosmos-Verlag, Stuttgart (1999)
J. Bouillon et al., »An Introduction to Hydrozoa«, Memoires du Museum d'Histoi-re Naturelle 194, 1-591 (2006)

Endlich Frieden: Kleben statt Stechen
Anthoatecata
E. Buecher et al., »Hydromedusae of the Agulhas Current«, African Invertebrates 46, 27-69 (2005)

Wie Korallen
Millepora alcicornis
W. Sterrer, »Marine Fauna and Flora of Bermuda«, Wiley (1986) S. 134 (1986)

Mund-zu-Mund Fortpflanzung
Stomolophus meleagris
Y.-H. Hsieh et al., »Jellyfish as food«, Hydrobiologia 451, 11-17 (2001)
D.G. Fautin, »Reproduction of Cnidaria«, Canadian Journal of Zoology 80, 102-133 (2002)

Eine Qualle mit Balztanz

Cubozoa

R.F. Hartwick, »Distributional ecology and behaviour oft he box jellyfish Chironex fleckeri« Hydrobiologia, 216/217, 181-188 (1991)

P. Cartwright et al., »exceptionally preserved jellyfishes from the Middle Cambrian«, PLoS ONE 2, e1121 (2007)

B. Bentlage und C. Lewis, »An illustrated key and synopsis of the families of carybdeid box jellyfishes«, Journal of Natural History 46, 2595-2629 (2012)

D. Marymegan et al. »Rgw phylum Cnidaria: A review of patterns and diversity«, Zootaxa, Wellington (2007)

Rippenquallen: Ohne Giftnesseln geht es auch

Haeckelia

W. Schäfer in: W. Westheide, und R. Rieger, »Spezielle Zoologie«, Band 1, Gustav Fischer, Stuttgart S. 182 ff (1996)

Donld T. Anderson, »Invertebrate Zoology«, Oxford Univ. Press , S. 54 (2001)

Ein Tier mit insgesamt nur 300 Megabyte

Hydra viridissima

S.F. Gilbert »Regeneration«, Developmental Biology (2000)

D. E. Martinez, »Mortality patterns suggest lack if senescence in hydra«, Experimental Gerontology 33, 217-225 (1998)

J.A. Chapman et al., »The dynamic genome of Hydra«, Nature 464, 592-596 (2010)

Fernbediente Killerkugeln

Joseph van der Land, »Cassiopea xamachana«, World Register of Marine Species, (2014) online

Matt Berryman, »Upside-down jellyfish: Cassiopea xmachana«, Marine Invertebrate of Bermuda (2015), online

Nachtaktive Quallen

Bildautor: Jan Bielecki, Alexander K. Zaharoff, Nicole Y Leung, Abers Garm und Toss U. Oakley. PLOS ONE 9 (6) (2014)

Quallen fressen Quallen

Allen G. Collins, »Berroe cucumis Fabricius«. World Register of Marine Species (2013), online

Bella S. Galil und Roy Gevili, »A moveable feast: Berroe cucumis preying on Mnemiopsis leidyi«. Bioinvasions Records 2, 191-194 (2013)

Die Seestachelbeere: Verhasst in der Nordsee

»Lexikon der Biologie«, Spektrum Akademischer Verlag (1994)

J. Bouillon et al., »An Introduction to Hydrozoa«, Memoires du Museum d'Histoire Naturelle 194, 1-591 (2006)

Bekämpfung von Quallenplagen mit Quallen

Claudia Mills, »Bolinopsis infundibulum«, World Register of Marine Species (2014), online

Quallen als wirtschaftliche Verbrecher

T.H. Shiganova, »Invasion oft he Black Sea by the ctenophore Mnemiopsis leidyi and recent changes in pelagic community structure« Fisheries, Iceanography 7, 305-310

Vladimir P. Ivanov et al., »Invasion of the Caspian Sea by the comb jellyfish Mnemiopsis leidy. Biological Invasions 2, 255-258

Das »Gefühl des nahenden Todes«

Avril H. Undewood und Jamie E. Syemour, »Venom ontogeny, diet and morpgology in Carukia barnesi, a species of Australian box jellyfish that causes Irukandji syndrome«, Toxicon 49, 1073-1082

R. V. Southcott, »Revision of some Carybdeidae including a description oft he jellyfish responsible for the Irukandji syndrome«, Australian Jouurnal of Zoology 15, 651-671

Meisterhaftes Schwimmen und Senkrechtstart

Lisa-Ann Gershwin, »Systematics and biogeography oft he jellyfish Aurelia labiata«, Biological Bulletin 201, 104-119

Krebse im Magen fressen Schädlinge auf

T.R. Graham, J. T. Harvey, S.R. Benson, S.T. Renfree und D.A. Derner, ICES Journal of Marine Science 67 (8) 1739-1748 (2010)

Perfekt würfelförmiger Körper

C. di Camillo et al., »The cnidome of Carybdea marsupialis«, Journal of the Marine Biological Association of the United Kingdom 86, 705-709

Neuerdings exklusiv in Neuengland

André Morandini du Antonio Marques, »Revision of the genus Chrysaora«. Zootaxa 2464, 1-67 (2010)

V. Ras et al., »There are three species of Chrysaora«, Zootaxa 4778, 401-438 (2020)

Brutpflege

»Chrysaora fuscescens«, Meerwasser-Lexikon.de, online

Ist es eine Art oder zwei, drei, vier oder fünf?

Michael N. Dawson, »Morphological variation and systematics in the Scyphozoa: Mastigias – a golden unstandard?«, (2005) Hydrobiologia 537, 185-206

Michael Dawson, »Five new subspecies of Mastigias«, Journal of the Marine Biological Association of the UK 85, 679-694 (2005)

Paul Lassenius Kramp, »Synopsis of the Medusae of the World«, Joornal of the Marine Biological Association of the United Kingdom 40, S. 359/360 (1961)

Krebse Huckepack

Chad L. Widmer, »Life cycle of Phacellophora camtschatica« Invertrebrate biology 125, 83-90 (2006)

Jan A. Pechenik, »Biology of the Invertebrates« Band 7, McGraw Hill, New York (2014)

Quallen im Kino

Willliams, Peter, »Jellyfish«, Reaktion Books, London

Quallen in der bildenden Kunst

Williams, Peter, »Jellyfish«, Reaktion Books, London

Ewiges Leben

Piraison, Stefano et al., »Reversing the Life Cycle: Medusae transforming into polyps«, The Biological Bulletin 190, 302-312 (1996)

Werden uns die Quallen besiegen?

Gershwin, Lisa-Ann und Earle, Sylvia, »Stung! On Jellyfih Blooms and the Future of the Ocean«, University of Chicago Press (2013)

BILDAUTOREN

Bemerkung: Autorenangaben die nur aus einem Pseudonym bestehen, z.B. »Seascapeza« stammen von Wikimedia Commons.

Cover
Foto: Shutterstock/H. Tanaka
Eric Kilby, Somerville, MA, USA

Allgemeines über Quallen
Philcha / E.E. Ruppert, R.S. Fox und R.D. Barnes (2004) »Firing mechanism of hydra mnematocyst«, Invertebrate Zoology, 7 Aufl., Brooks/Cole, S. 111-124
Xavier Vázquez / Morphology of Hydromeduse (2007)
iStock1028211688.jpg

Nickend aber schwach
Augusta Foote Arnold (1903) See-Beach at Ebb-Tide, Freshwater and Marine Ecology Bank, New York: Century Co.
Foto: Popular Science Monthly, Bd. 8 (1875/1876); Autor unbekannt

Auf dem Kopf stehende Qualle
Vassil, Köln (2014)

In 7000 Meter Tiefe: Die Kronenqualle
Ernst VanHöffen, »Die Acraspeden Medusen der deutschen Tiefsee-Expedition 1898–1899, Tafel I-VIII (1902)

Fest vor Kanada verankert: Die Stielqualle
H.E. Westlake, Manania handi juvenile (2014)

Rekordschwimmer in der Arktis
Aino Hosia, Universitetsmuseet, Bergen Univesitetet, Bergen

Büsche von Federn

Alamy-Bild X5F91P, Autor: Paul R. Sterry

Ein Auge an jedem Tentakel
Bougainvillia superciliaris
Hans De Blauwe, The World Register of Marine Species
C.C. Nutting (1901) »Hydroids oft he Woods Hole Region«, Bulletin oft he United
States Fish Commission, Washington DC, Bd. 19, 1899

Federn im Indischen Ozean
Seascapeza (2011)

Die Fingerhutqualle
Mayor, Alfred Goldsborough, Medusae of the World on Open Library

Eine steife und eine biegsame Form
C.C. Nutting (1901) »Hydroids oft he Woods Hole Region«, Bulletin oft he United
States Fish Commision 19, 1899, Washington DC
George James Allman, Quarterly Jouurnal of Microscopical Science (1873) 13,
55-58

Die erste Begegnung von Quallen in der Tiefsee
Mayor, Alfred Goldsborough, »Medusae oft he World«, Vol. 3 on Open Library
Seit 1921 verschollen: CrazyBiker 84 (2014)

Lieber pirschen als auf Beute warten
NOAA Ocean Exploration and Research, USA (2019)

Die gefürchtete Amakusa-Feuerqualle
Spacebirdy, Tiergarten Schönbrunn (2013)

Ein Mund in jedem Arm
iStock-119465 4171, Autor: Denis-prof
Millionen Euro Verluste durch den Suez Kanal: Ori~ (2010)
Nobelpreis für die Entdeckung eines Quallenproteins
Ssblakely (2008)

Das zweitlängste Tier der Welt: Eine Qualle

Alzinous (2015)

Gigantischer Teppich auf der Meeresoberfläche
Bruce Moravchik (NOAA Photo Library, (2002)

Ein wahrlich unsterbliches Tier
Popular Science Monthly, Bd. 33 (1887/1888)

Alle Koloniemitglieder durch Röhren verbunden
Mike Page. TerraMarine Pharmaceuticals (TMP): Marine Natural Products (MNP), 2006

Stapeln von Platten
Photo2222 (2003)

Große Beute wird vor dem Essen außen verdaut
Alamy-Bild GH22KB. Autor: Andrey Nekrasov

Sehr selten Sex
KENPEI. Osaka Aquarium, Japan (2011)

Ein Staat von Quallen
Islands of the Sea 2002, NOAA/OER

Gelbes, grünes oder violettes Meer
Σ64 (2019)

Ein fallendes Netz
W. Carter (2021)

Quallen parasitieren Quallen
Kevin Raskoff (2005)

Muskelprotze
Kevin Raskoff, Hidden Ocean 2005 Expedition: NOAA Office of Ocean Exploration

Die »Löwenmähne ist Schuld« sagt Sherlock Holmes

Smithsonian Environmental Research Center (2006)

Ein Hospiz für Fische
Antonio Sontuoso (2008)

Effiziente Augenlinsen
Julian Fahrbach (CrazyBiker 84), 2015

Erbrechen nach Berührung
Hectonichus (2015)

Immer mehr Milliarden Quallen rund um Japan
Totti (2018)

Nur gefilterte Nahrung
BSANI (iStock-Bild 1251347038)

Invasion in Mexiko
Andrzej Otrębski, Acquario de Genova

Zuerst männlich, dann zwittrig, dann weiblich
Ajor933 (2011)

Atypische Körperform: Eine »Monster-Qualle«
lying883 (https://www.flickr.com/photos/lyng883/3654952501/)

Der Magen halb so groß wie der Körper
Gosse, Philip Henry; Hullmandel & Walton

Die »Quallenblüte«: Ein schwimmender Teppich aus Millionen von Quallen
Ales Kladnik, Ljubijana, Slovenia (2014)

Die Stiche können psychiatrische Folgen haben
A.C. Tatarinov (2015)

Unfähig zu schwimmen

A,C. Morandini (2016)

Augen fast so gut wie beim Menschen
Duangkamon Panyapatiphan (iStock-Bild 122484488)

Quallen als Nahrung
Howcheng (2008)

Eine besondere Delikatesse
Bill Abbott, aDSC_0786 on Flickr (2015)

Süßwasserquallen
Alexander Mrkvicka (2014)

Die Segelquallen
yakafaucon (2007)

Endlich Frieden: Kleben statt Stechen
Peter Southwood (WT-shared) Pbsouthwood at wts wikivoyage

Wie Korallen
Nhobgood Nick Hobgood (2010)

Mund-zu-Mund Fortpflanzung
DockWatch, Dauphin Island Sea Lab

Eine Qualle mit Balztanz
Ned DeLoach, Smithsonian Science (2008)
Kersti 14:28, 15 January 2007 (UTC)

Rippenquallen: Ohne Giftnesseln geht es auch
OAR/National Undersea Research Programm (NURP), 2009

Ein Tier mit insgesamt nur 300 Megabyte
Frank Fox, http://www.mikro-foto.de

Fernbediente Killerkugeln

Nachtaktive Quallen

Patrick Randall, Copula sivickisi female in OkinawaQuallen fressen Quallen
Shane Anderson in:
http://www.sanctuaries.nos.noaa.gov/pgallery/pgchannel/habitats/habitats_16.html

Die Seestachelbeere: Verhasst in der Nordsee

Pleurobrachia pileus
Bj.schoenmakers (2012)

Bekämpfung von Quallenplagen mit Quallen

KENPEI, GFDL Japan License (2008)

Quallen als wirtschaftliche Verbrecher

Stephen G. Johnson (2008), New England Aquarium, Boston, MA

Das »Gefühl des nahenden Todes«

Lisa-Ann Gerschwin , https://eatlas.org.au/media/2929 (2005)

Meisterhaftes Schwimmen und Senkrechtstart

spacebirdy (2012), Tiergarten Schönbrunn

Krebse im Magen fressen Schädlinge auf

Rhododendrites, Monterey Bay Aquarium (2017)

Perfekt würfelfürmiger Kopf

Alessandro Sabucci (2013)

Neuerdings exklusiv in Neuengland

Anastasia Shesterinina (2008)
Brutpflege
Stickpen (2009)

Ist es eine Art oder zwei, drei, vier oder fünf?

Adrian (User: Intandem) at en.wikipedia (2008)

Krebse Huckepack
Eric Kilby, Sommerville, MA, USA (2015)

Quallen in der bildenden Kunst
Zwei Bilder von Ernst Heckel (1834–1919)
Deckenleuchte von Timothy Horn in der öffentliche Halle in der Hawke Hall in der University of South Australia

Ewiges Leben?
Tony Wills (2017)

Quallen halten Einzug in der Lyrik
Mariannne Moore: George Platt Lynes (1935)
Pablo Neruda: Annemarie Heinrich (1967)

ÜBER DEN AUTOR

Mario Markus, em. Professor für Physik an der Universität Dortmund, wurde 1944 als Sohn deutscher Flüchtlinge in Santiago de Chile geboren. Als 20-jähriger ging er nach Heidelberg, um dort Physik zu studieren und in Plasmaphysik zu promovieren. Zuletzt war er Leiter einer Arbeitsgruppe am Dortmunder Max-Planck-Institut für molekulare Physiologie. Er hat über 160 wissenschaftliche Artikel in internationalen Fachzeitschriften veröffentlicht, hauptsächlich über Fragen von Selbstorganisation und Chaos in Biologie, Physik und Chemie.

Mario Markus begann als Vierzigjähriger Gedichte zu schreiben. Sein erster Lyrikband mit spanischen Gedichten erschien 1990 in Madrid, eine CD mit seinen Gedichten 2004. Ein Förderpreis des chilenischen Außenministeriums ermöglichte 2005 die Produktion eines Hörbuchs auf Deutsch und Spanisch mit eigenen Übersetzungen und Rezitationen chilenischer Gedichte.

Sein Zukunftsroman »Bilis Negra« (2001) wurde zum Stoff eines erfolgreichen Comics (2006) in Lateinamerika. 2007 folgte der Lyrikband »Punzadas« mit eigenen Gedichten, der 2016 auch in deutscher Sprache erschien (»Stiche«, Lychatz-Verlag). Im gleichen Jahr erschien die Anthologie »Chilenische Lyrik im bewegten 20. Jahrhundert« (Rimbaud Verlag) mit seinen deutschen Übersetzungen chilenischer Gedichte, historisch-politisch kommentiert in einem Nachwort von Johannes Müller-Salo.

Im Jahre 2009 erschien sein Buch »Die Kunst der Mathematik«, welches eine CD-ROM enthält, mit der jedermann surreal anmutende Grafiken mit Hilfe von mathematischen Formeln erstellen kann. Diese Grafiken sind in Ausstellungen der Goethe-Institute zahlreicher Länder und der Royal Society in England gezeigt worden. Schon

1988 hatten sie den Kunstkritiker-Preis »Beste Ausstellung des Jahres« in Chile erhalten.

2011 erschien »Chemische Gedichte« (ein Gedicht für jedes der 118 chemischen Elemente). Die englische Übersetzung »Chemical Poems« wurde 2013 in den USA publiziert.

Im Jahre 2014 ist im Kosmos-Verlag das Buch »Unsere Welt ohne Insekten? Ein Teil der Natur verschwindet« erschienen. Dieses Buch enthält eine Vielzahl kunstvoller Fotos ausgestorbener oder stark gefährdeter Insekten, welche besonders nützlich oder schön sind.

2016 folgte das Buch »Das nackte Gehirn« (Theiss-Verlag), in dem künstlerische Fertigkeiten der untersuchten Personen, wie auch Phänomene, die man der Parapsychologie zuschreibt (Telekinese, Gedankenlesen und Telepathie), in Zusammenhang mit der heutigen Neurotechnik gebracht werden.

2017 erschien »Bidkraft der Substanzen: 2D-Kristalle zum Selbermachen« (Arnshaugk-Verlag) – erneut ein Buch mit vielen Beispielen von künstlerisch anmutenden Bildern, die jedermann zuhause mit einfachen Mitteln herstellen kann. Es wurde ins Spanische übersetzt: »Scientia et Ars« (Ediciones UC, 2020).

Es folgte das Buch »Leben in den Eismonden?« (Pfeil-Verlag, 2020), in dem die Projekte der NASA und ESA zur Erkundung von Jupiter- und Saturn-Monden beschrieben werden. Ferner publizierte der Olms-Verlag »222 Juden verändern die Welt« und Markus' Autobiographie »Exilneurose« (2021). Markus strebt ein Verschmelzen der »zwei Kulturen« Wissenschaft und Kunst an. Letztere gestaltet er aktiv durch eigene Computergrafiken, durch Bilder mit 2D-Kristallen und durch Lyrik, aber auch durch die Betrachtung der Natur, etwa der Insekten und, wie in diesem Buch, der häufig so verhassten Quallen.

Zeitfracht Medien GmbH
Ferdinand-Jühlke-Straße 7
99095 Erfurt, Deutschland
produktsicherheit@kolibri360.de